문제아는 없고
문제 부모만 있습니다

김양재 목사의
자녀교육

문제아는 없고
문제 부모만 있습니다

김양재 지음

QTM

문제아는
문제 부모를 위해 수고합니다

우리들교회 외벽에 "문제아는 없고 문제 부모만 있습니다"라는 현수막이 한동안 걸린 적이 있습니다. 교회 앞을 지나던 신앙이 없는 사람들조차 그 글귀를 보고 고개를 끄덕였지만, 교회에 전화를 걸어 굳이 자신이 크리스천임을 밝히면서 따지던 사람도 있었습니다. 내용인즉, "나는 우리 아이에게 잘해 준 것밖에 없는데, 왜 나더러 문제 부모라고 하느냐"는 것이었습니다. 신앙이 있어도 자신과 자녀를 객관적으로 보지 못하고 그저 인본주의적인 관점으로 그 글귀를 보니 도무지 이해가 안 되었던 것입니다.

이처럼 우리는 나와 자녀를 믿음 안에서 객관적으로 보기가 어렵습니다. 머리로는 하나님이 선물로 주신 자녀라는 것을 알지만, 막상 힘든 자녀나 아픈 자녀보다 내 말을 잘 듣고 착하고 공부 잘하고 돈 잘 버는 자녀에게 마음이 더 쏠립니다. 하지만 힘들고 아프고 문제만 일으키는 자녀를 통해 내가 말씀이 들리고 거룩을 이루어 간다면 그 자녀가 우리 가정에 주신 최고의 보석입니다. 그래서 좋은 자녀, 나쁜 자녀가 따로 없습니다. 각자 역할이 다를 뿐입니다.

문제 부모를 깨우치려고 문제 자녀가 수고합니다. 예수님도 모범생 요셉이 아닌 문제아였던 유다의 후손으로 오셨습니다. 그러므로 오히려 문제 자녀가 약속의 자녀가 되고, 영적 후사가 될 수 있습니다.

부모 또한 문제 부모가 아니라 좋은 부모가 되고 싶다면, 하나님을 가장 귀하게 여기는 모습을 자녀에게 보여 주어야 합니다. 비싼 옷과 좋은 제품을 사 주는 부모가 좋은 부모가 아닙니다. 예수님을 믿는 믿음을 물려주는 부모가 좋은 부모입니다. 이것을 아는 것이 중요합니다. 내가 자녀에게 줄 수 있는 최고의 교육은 세상적인 지혜와 지식보다 내가 먼저 하나님과 동행하는 것을 보이고 가르치는 것입니다.

이 책에는 우리 주위에 있는 여러 문제 부모, 문제 자녀가 등장합니다. 그들은 공동체 안에서 자신보다 더 힘들고 어려운 사람들과 어울려 말씀을 듣고, 적용하고, 나누면서 가치관과 삶이 변화되었습니다. 그리고 그들의 고백이 이 책에 오롯이 담겨 있습니다.

문제 부모, 문제 자녀 때문에 속을 끓고 있을지라도, 설령 그들이 좀처럼 변하지 않는다고 할지라도 내가 구원을 목적으로 그들을 사랑할 때, 우리 가정 안에도 반드시 천국의 소망이 피어날 것입니다.

2016년 4월
우리들교회 담임목사 김양재

contents

PART 1

좋은 자녀, 나쁜 자녀 없습니다

PART 2

문제 자녀가 영적 후사로 변합니다

좋은 자녀,
나쁜 자녀
없습니다

Chapter 1

내 자녀는
왜 이렇게 문제가 많을까요?

언젠가 설교할 때 교회 홈페이지에 올라온 재미있는 글을 나눈 적이 있습니다. 그때 성도들의 반응이 아주 좋았습니다.

이 상품은 국내 자체 제작 상품으로 처음에는 순하고 착하여 애완용으로 예쁘게 키워 보려고 했습니다. 그런데 날이 갈수록 사나워지고 성질이 더러워집니다. 라면 같은 인스턴트를 좋아하고, 특히 고기를 좋아합니다. 공부할 때 제일 비리비리하고 게임할 때 빛이 납니다. 이 물건의 특징은 하라는 것은 절대 안 하고, 하지 말라는 것만 골라서 하는 것입니다. 종류에 따라서는 외모에 관심을 두기도 하고, 이성에 관심을 갖기도 합니다. 툴툴거리고 말대꾸를 잘하며 대들 때는 어느 맹수에게도 뒤지지 않습니다. 그야말로 스릴 만점입니다. 일상이 따분하고 지루하고 재미없으신 분들! 이 물건 한번 구매해 보세요. 구매

즉시 이 물건이 스트레스를 팍팍 주기 때문에 심심할 겨를이 없을 것입니다. 대신 팍팍 늙습니다. A/S는 안 되고 반품은 절대 불가합니다. 덤으로 남편도 끼워 드려요. 자매품 시어머니도 있어요!

이 상품은 무엇일까요? 아이를 키우는 부모라면 이미 눈치채셨을 것입니다. 바로 우리의 '애물단지' 사춘기 아들딸들입니다.

'문제아'라는 말이 있습니다. '지능, 성격, 행동 따위가 보통의 아동과 달리 문제성이 있는 아동'이 국어사전에서 풀이한 '문제아'의 뜻입니다. 넓은 의미로는 이상아, 특수아, 결함아 등을 뜻하지만 좁은 의미로는 주로 행동에 문제가 있는 아이를 가리킵니다. 어른들이 흔히 일컫는 문제아란 '학교에서 공부하지 않고 문제를 일으키고 말썽만 피우는 학생'쯤이 될 것입니다. 딱히 지능이 낮은 것도 아니고, 성격이 괴팍한 것도 아니고, 행동이 이상한 것도 아닌데 공부 좀 안 하고, 말을 안 들어도 우리 부모들 눈에는 다 문제아로 보입니다.

우리들교회 집사님들 중에도 '하라는 공부는 하지 않고 문제를 일으키고 말썽만 피우는' 문제아를 둔 부모가 적지 않습니다. 더러는 게임 중독에 빠지고 학교에 안 가고 가출하고 탈선에 빠진 '진짜 문제아'를 둔 부모도 있습니다.

남의 자식들은 공부도 잘하고, 좋은 대학도 척척 들어가는데, 공부도 못하고 말썽만 피우는 내 자식을 쳐다보면 속이 터집니다. 자식이 아니라 원수입니다. 도대체 내 자식은 누굴 닮아서 이런 걸까요? 뭐가 잘못되어서 이렇게 문제가 많은 걸까요? 어떻게 가르쳐야 자식을 바르게 키울 수 있을까요? 자식을 키우며 이런 고민 한번 안 해 본 부모는 아마 아무도 없을 것입니다.

자녀가 스트레스인 부모들

몇 해 전, 한 일간지에서 '문제 자녀를 둔 미국의 일부 부유층 부모들이 자녀를 사람 만들기 위해 교도소를 방불케 하는 군대식 학교를 만들었다'는 기사를 본 적이 있습니다. 육중한 철문에 쇠창살까지 둘러쳐져 있어서 겉으로는 교도소나 다름없지만, 학비를 2만 5천 달러에서 4만 달러까지 받는 사립 기숙학교라고 합니다. 부모와의 연락도 금지되고, 24시간 내내 무전기를 든 감시원들이 계속 지키고 서 있고, 조금만 잘못해도 딱딱한 플라스틱 침대가 있는 방에 가두고 엄하게 체벌합니다. 할 수 있는 것이라고는 오직 공부밖에 없는 학교입니다.

기자가 한 학생에게 "텔레비전 시청이나 컴퓨터게임도 금지되고 오직 숙제와 책 읽기만 할 수 있는 이런 학교에 어떻게 오게 됐느냐"고 물었더니, "어느 날 건장한 남자들이 와서 수갑을 채우고 이곳에 데려왔다"고 했습니다. 비명을 질러도 도와줄 사람도 없고, 부모의 손길도 미치지 못하는 학교라서 "아동학대가 아니냐?"는 문제 제기도 있었지만, 이곳에 자녀를 보낸 부모들은 97퍼센트가 만족한다고 했습니다. 하지만 정작 이곳의 학생들은 무표정한 얼굴을 하고 방문자가 손을 흔들어도 눈길 한번 주지 않았습니다.

과연 제아무리 심각한 문제아도 이 학교만 졸업하면 다 모범생, 우등생으로 바뀔 수 있을까요? 이런 학교에 자녀를 맡기는 것이 바른 자녀교육일까요?

정말이지 돈이 있어도, 권력이 있어도 자녀 문제만큼은 뜻대로 안 됩니다. 부르다가 죽을 그 이름, 자녀야말로 애물단지입니다. 그래서 예부터 '무자식이 상팔자'라고 한 모양입니다. 그런데 과연 자식이 없으면 걱정도 없을까요?

하나님의 뜻을 좇아 고향과 친척과 아버지의 집을 떠나 나그네가 된 아브라함도 자녀 문제만큼은 포기할 수 없었습니다. 그토록 오랫동안 기다리던 자식을 갖지 못하자 아브라함은 하나님을 원망하며 대들었습니다. 조카 롯을 구하고자 생명까지 내놓고 소돔 왕의 재물도 포기한 그였지만 자식은 포기할 수 없었던 것입니다.

당시 자식이 없는 것은 지금과는 비교가 안 될 만큼 큰 수치고 걱정거리였습니다. 하나님을 믿지 않는 사람들도 자식을 쑥쑥 낳고 잘 사는데 아브라함에게는 가나안에 온 지 10년째가 되도록 자식이 없었습니다.

> 아브람이 이르되 주 여호와여 무엇을 내게 주시려 하나이까 나는 자식이 없사오니…… _창 15:2a

나름 내려놓을 것 다 내려놓고 기다렸기에 '그래도 10년쯤 지나면 뭐가 되겠지' 싶었는데, 자식이 한 명도 없었습니다. 당시에 자식은 번성의 상징이요, 재산이요, 노동력이었습니다. 그런데 아브라함에겐 자기 장례를 치러 줄 직계 자식이 하나도 없었습니다. 아브라함이 "주 여호와여 무엇을 내게 주시려 하나이까 나는 자식이 없사오니"라고 말한 것은 "모든 걸 포기하고 고향 갈대아 우르에서 떠나왔는데, 하나님만 믿고 따랐는데 왜 10년이 지나도록 아무 대가도 없느냐?"는 원망의 소리입니다. "보세요 주님, '큰 민족을 이루리라' 하시곤 씨를 안 주시면 어떡합니까?" 하고 원망한 것입니다. 그러더니 아브라함은 자기 마음대로 상속자를 정해 버립니다.

> 2b ······나의 상속자는 이 다메섹 사람 엘리에셀이니이다 3 아브람이 또 이르되 주께서 내게 씨를 주지 아니하셨으니 내 집에서 길린 자가 내 상속자가 될 것이니이다 _창 15:2b~3

여기서 '씨'는 히브리어로 '제라', 즉 후손을 의미합니다. 창세기 3장 15절에서 "내가 너로 여자와 원수가 되게 하고 네 후손도 여자의 후손과 원수가 되게 하리니 여자의 후손은 네 머리를 상하게 할 것이요"라고 하나님이 말씀하셨는데, 그때의 '후손'이 바로 '씨', '제라' 입니다. 그런 씨를 자기에게 안 주신다고 아브라함은 하나님께 대듭니다. 게다가 천하에 구원을 이룰 자는 여인의 후손 예수님밖에 없는데, 자기 멋대로 상속자를 다메섹에서 데려온 종 엘리에셀로 정하겠다는 것입니다.

여기서 우리는 그리스도가 내 집에 오신다는 약속을 받아들이지 못하는 아브라함의 모습을 볼 수도 있지만, 아브라함에게 가장 큰 상급은 바로 자식임을 알 수 있습니다. 그래서 아브라함이 "나는 자식이 없사오니" 하며 하나님을 원망하는 것입니다.

그런데 우리는 그 귀한 상급인 자식을 오히려 원망하고 있습니다.

언젠가 '불임의 고통은 암만큼이나 심하다'는 기사를 보았습니다. 아이를 갖지 못하는 것은 암 못지않은 고통이요, 오랜 불임에 시달리면 죄책감과 상실감을 넘어서 우울증에 걸리기도 합니다. 심지어 이혼하고 자살하는 부부도 보았습니다.

흔히 '아이가 없을 수도 있지' 하고 생각하기 쉽지만, 불임 부부들이 제일 듣기 힘든 말이 바로 "무자식이 상팔자야"입니다. 한편 우리가 위로랍시고 "맘 편하게 먹어", "입양하는 게 어때?" 하는 말은 가슴에 비수를 꽂는 격이랍니다. 그 어떤 말로도 위로가 안 되는 것이 불임입니다. 그만큼 무자식은 큰 고난입니다. 그런데 기혼 부부 여덟 쌍 중 한 쌍이 난임의 고통을 겪고 있다고 하니 사회적으로도 커다란 불안 요소가 되고 있습니다.

그럼에도 자식이 있는 부모는 그 자식 때문에 오히려 고난입니다. 하나님께서 내게 주신 자식, 내 씨가 분명한데도 "그놈은 내 자식이 아냐"라고 말하고 싶은 자식들이 있습니다. 하라는 공부는 안 하고, 나가서는 문제를 일으키고, 집에 들어오면 핸드폰만 붙들고 있거나 게임에 빠져 있으니 세상에 저런 원수가 어딨나 싶습니다. 그래서 자식 없는 사람 속도 모르고 무자식이 상팔자라는 말을 하는 것입니다.

자녀를 통해 드러나는 믿음의 현주소

아브라함이 엘리에셀에게 상속하겠다는 푸념 속에는 또 다른 의미가 있습니다. 내 자식이 없으면, 내게 제대로 된 자식이 없으면, 대물림도 상속도 내 맘대로 하겠다는 것입니다. 더 이상 못 참겠다며, 이방인이 상속자가 될 수도 있다고 외친 것입니다. 자기는 참을 만큼 참았으니까 자신의 말을 잘 따르는 엘리에셀에게 그냥 대를 물리겠다는 것입니다.

"징그럽게 속 썩이는 자식 필요 없어! 나가 죽든지 살든지 나하고는 상관없어!" 하는 것과 똑같습니다. 그래서 우리는 내 멋대로 상속자를 정합니다. 아브라함도 다 내려놓은 것 같았지만, 끝까지 내려놓지 못한 것이 자식이었습니다.

'자식이 없다'는 아브라함의 탄식은 자기 욕심에서 비롯된 것입니다. 영적 후사를 생각해서 하는 탄식이 아닙니다. 이렇듯 많은 크리스천 부모가 자신에게 영적 후사가 없는 걸, 자식에게 믿음이 없는 걸 안타까워하지 않습니다. 자녀가 착하고 잘나고 공부 잘하면 그저 뿌듯해서 "쟤가 상속자지" 하고 착각합니다. 그 자녀가 진정한 상속자가 아닌데도 제멋대로 상속자를 정합니다.

아브라함이 자식이 없다고 원망하며 탄식하자 하나님께서 이렇게 말씀하십니다.

……그 사람이 네 상속자가 아니라 네 몸에서 날 자가 네 상속자가

예수 믿고 산전수전 다 겪었음에도, 가족 구원을 위해 간절히 기도했음에도 아브라함이 자식이 없어서 "우리 집은 하나님이 구원을 막았나 봐" 하고 부르짖자, 하나님은 "아니다, 아니다, 네 몸에서 날 자라야 너의 상속자다" 하십니다. 그럼에도 아브라함은 말귀를 못 알아듣고 "아니에요. 난 상속자를 엘리에셀로 정할 거예요. 내 맘에 드는 사람에게 상속할래요" 하면서 십자가를 자꾸 피하려 합니다.

아브라함은 자기 후사가 엘리에셀이 아니라는 걸 무의식적으로 알면서도 그럽니다. 아니까 하나님께 따지고 덤비는 것입니다. 구원에 아예 관심이 없는 사람이라면 "우리 집에 구원은 막혔어"라고 말하지도 않습니다. 관심이 있으니 "저에게는 왜 자식을 안 주시는 거죠?" 하고 불평하는 것입니다. 하지만 아브라함이 자식이 없다고 안타까워서 소리 지르는 것은 믿음의 여정에 꼭 필요한 일입니다.

우리 역시 자식이 없거나 속 썩이는 자식들이 있다면 왜 그런 사건을 주셨고, 왜 그런 자식을 주셨는지 하나님의 뜻을 알아야 합니다. 하나님께 물어야 합니다. 자식이 있고 없음도 내 맘대로 생각하지 말고 항상 '물어 이르되'의 인생을 사는 사람이 큰 상급을 받습니다. 지금 자식이 있거나 없거나 나에게 꼭 맞는 하나님의 세팅이기 때문입니다.

우리는 '믿음'과 '노력'을 분별하기가 참 어렵습니다. 내 노력으로 자식을 키웠다고 착각하기에 거기에 걸맞은 응답이 없으면 인정이 잘 안 됩니다. 교회도 열심히 다니고 큐티도 열심히 하는데 자녀가 대학에 떨어지면 응답받지 못했다고 생각합니다. 그래서 내가 열심히 교회 다니고 큐티해도 그것이 믿음인지 노력인지는 사건이 왔을 때 드러납니다. 즉, 사건이 와야 내 믿음의 현주소가 드러나는 것입니다. 자녀를 향한 나의 계획과 포부가 내 야망을 위한 것이라면 아무리 수고해도 하루아침에 무너지고 굴욕당할 수밖에 없습니다.

아무리 기다려도 응답이 없는 것 같으면 우리는 당연히 아브라함처럼 다른 후사를 찾고 싶어 합니다. 남편이, 자식이 안 변하니까 여기저기 가서 머리를 들이밉니다.

그러나 자식이 없어도 자식이 중독에 빠져 있고 불치병에 걸렸어도 그것이 가장 큰 상급입니다. 힘들면 힘들수록 '고난으로 위장된' 축복이란 걸 아셔야 합니다. 왜냐하면 그 고난을 통해 내가 영적 후사를 낳는 것이 진정한 축복임을 깨닫게 되기 때문입니다. 세상적으로 잘난 자녀가 있으면 우리는 영적 후사에 대해 관심조차 두지 않기 때문입니다.

자녀 문제로 왜 내가 무너질까?

어느 여집사님이 시댁에서 명절을 지내고 와서 동서네 자녀와 자기 자녀가 비교되어 속이 상했다고 합니다.

자기보다 10년이나 어린 동서가 지금까지는 명절이면 "형님, 뭐

해 갈까요?" 하고 물어보며 깍듯이 대우했답니다. 그런데 이번 명절에는 자기 딸이 학교에서 1등을 했다며 으스대고 시아버지께 조카의 세뱃돈에 보너스까지 듬뿍 타 가더랍니다. "그렇게 공부를 잘하는데 대학은 어디 갈 거니?" 시아버지가 흐뭇해서 묻자 "아무 데나 가죠, 뭐. Y대나 갈까요"라고 답했답니다. 맏동서인 집사님의 자녀는 대기 번호 받아 놓고 추가 합격만을 애타게 기다리는 상황인데 말입니다.

우리는 흔히 이런 문제로 속이 상합니다. 동서는 예수도 안 믿는데 자녀들이 공부도 잘하고, 장학금 받고 해외 유학까지 갑니다. 나는 교회 열심히 다니고 봉사하고 십일조까지 하는데 자식이 대학에 겨우 들어갈까 말까 합니다.

어떤 집은 5년 동안 코빼기도 안 비치던 동서가 "애가 의대에 들어갔다"면서 갑자기 시댁에 왔는데 온 집안 식구가 그동안의 잘못을 다 용서해 줬답니다. 그게 전부가 아닌 줄 알면서도 '내 자녀는 왜 이럴까?' 해석이 안 되어 힘들다고 했습니다. 나도 내 자녀로 인정받고 싶은데, 동서네 아이들이 공부 잘하면 속이 부글부글 끓어서 살 수가 없습니다. '나는 예수도 믿는데 왜 내 자녀만 이 모양인가' 합니다.

"애가 공부만 잘하면 다냐?" 하면 온 집안 식구들은 "그래, 그게 다다" 이렇게 이야기합니다. 자녀를 잘 키웠다는 기준을 세상적인 조건으로만 비교하니 해석이 안 되는 것입니다.

우리가 자녀 때문에 무너지는 것은 그 자녀를 내 것으로 여기기 때문입니다. 그래서 자녀의 성적이 떨어지면, 무슨 문제라도 생기면, 마음이 와르르 무너집니다. 문제는 자녀가 아니라 내 속에 자리한 욕심이라는 것을 알아야 합니다.

내가 문제다

낸시 카마이클이라는 여인이 있습니다. 남편은 목사요, 저술가인데 40명의 직원을 거느리고 잡지를 세 개나 발간할 만큼 탁월한 사업가입니다. 그녀 역시 누구나 부러워하는 모범적인 가정의 아내요, 엄마이자 훌륭한 가정사역자로 자녀교육에 관한 책도 썼습니다. 살림도 넉넉하고 부모 말 잘 듣는 아들도 넷이나 있습니다.

그런데 이 집에 광야 생활이 시작됐습니다. 어느 날 그녀는 자신의 어머니가 돌아가시면 말벗이 없어질 것이라는 사실에 공허감을 느꼈고 생후 3년 6개월 된 여자아이를 입양했습니다. 부모 없는 아이를 자식처럼 잘 키우겠다는 사명감 때문이라기보다 엄마처럼 자신의 얘기를 들어 줄 말벗이 필요해서 입양을 결정한 것입니다.

그런데 막상 입양하고 보니 아이는 고아원에 있을 때 걸린 뇌염으로 학습 장애가 있었고, 영양실조로 인한 갖가지 질병을 앓고 있었습니다. 그녀 역시 딸을 입양한 후 4년 동안 마치 죽을 것처럼 몸이 아팠습니다. 병원에서는 병명이 루프스로, 자가면역 질환인 낭창의 일종이라고 했습니다. 루프스는 라틴어로 늑대라는 뜻을 갖고 있습니다. 환자의 피부가 늑대에 물린 것처럼 붉게 된다는 의미에서 유래된 말이니 얼마나 아프겠습니까.

낸시는 딸의 이름을 훌륭한 인도 선교사의 이름을 따서 에이미라고 지었습니다. 그녀는 에이미를 매일같이 특별 교사, 언어치료사, 안과의사, 치과의사에게 데리고 다녀야만 했습니다. 동시에 그녀 자신도 병원에 다녀야 했습니다. 갈수록 집안은 엉망이 되었고, 그녀의 병은 점점 악화되어 낭창이 중추신경계까지 진행되면 치명적일 수도 있다는 진단을 받았습니다. 그녀는 죽고만 싶었습니다.

결국 낸시는 비행기를 타고 큰 병원으로 가서 여러 가지 정밀검사를 받았습니다. 그런데 뜻밖에도 의사는 그녀에게서 낭창을 발견하지 못했다는 소견을 내놓았습니다. 신경학적으로도 건강하고, 기질 면에서도 건강하다고 진단했습니다.

"그러면 제가 4년 동안이나 왜 그렇게 아팠죠?"

낸시가 묻자, 의사는 이렇게 대답했습니다.

"심각한 스트레스 때문인 것 같아요. 당신에게 왜 그런 스트레스가 왔는지 생각해 보세요."

그러면서 의사는 스트레스 원인을 다음과 같이 진단했습니다.

"당신 남편은 항상 긴장하고, 성질이 급하고, 경쟁적인 타입입니다. 당신은 다섯 아이를 기르면서 모두에게 높은 수준의 학업 성취와 교양을 요구하고 있습니다. 거기에 스트레스의 원인이 있다고 생각해요."

그녀 자신이 자녀교육에 관한 책을 쓰다 보니 스스로에게도 높은 수준을 요구하고 있었던 것입니다. 의사는 남편 회사에서 잡지 편집을 돕고, 교도소 전도를 다니고, 교회 봉사를 하고, 학교에서 이사직도 맡은 그녀에게 "당신은 슈퍼우먼이 아니다. 약으로는 이 병을 고칠 수 없으니 약도 끊으라"고 권고했습니다.

집으로 돌아오면서 낸시는 의기소침해질 수밖에 없었습니다. '왜 나에게 이런 일이 일어났는가?' 하고 자문했습니다. 그러다 문득 '나에게 문제가 있다'는 생각이 들었답니다. 대단한 발견이었습니다.

이후 낸시는 스트레스에 관한 책을 읽고, 운동을 하고, 큐티를 했습니다. 그 과정에서 그녀를 힘들게 한 것은 육체적인 노동이 아니라 마음속의 근심 걱정이었고, 에이미를 걱정하면서도 자신에게 하나님이 계시다는 걸 잊고 지냈음을 비로소 깨닫게 되었습니다. 그리고 자신이 가정사역을 하고, 자녀교육 관련 책을 쓴다는 이유로 다른 사람의 조언을 구하고 상담받는 것을 자존심 상하는 일로 여겼다는 사실도 깨달았습니다. 그래서 이제는 상담자가 아니라 상담받는 자가 되기로 했습니다. 그러자 더 이상 아픈 딸을 원망하지 않고 오히려 감사하게 되었습니다. 에이미가 달라져서가 아니라 자기 자신을 바라보는 자세가 달라진 것입니다. 무엇보다 에이미를 하나님이 주신 선물로 받아들임으로써 생긴 변화였습니다.

살다 보면 누구나 병에 걸릴 수 있습니다. 완벽한 자녀도 없고, 완벽한 가정도 없습니다. 그녀가 이런 고난을 통해 배운 것은 하나님은 구속자라는 것입니다. 기도하며 그분 손에 맡겨 드린 모든 것은 때가 되면 구속해 주신다는 사실을 깨달았습니다. 훌륭한 아들 넷에 가정이 평화로울 땐 그 사실을 깨닫지 못했습니다. 가정사역을 하고 자녀교육 관련 책을 쓰면서도 깨닫지 못했습니다.

이 기막힌 영적 후사의 비밀을 깨달은 것은 아픈 에이미 때문이었습니다. 그러니 에이미가 얼마나 값진 선물입니까! 낸시의 귀한 깨달음으로 우리까지 은혜를 받게 되었으니 말입니다.

이게 바로 영적 자녀의 특징입니다. 영적 자녀가 우리에게 얼마나 큰 선물인지 알아야 합니다. 날마다 '내 새끼가 왜 쟤보다 공부를 못해, 왜 못생겼어?' 하고 탓하고 원망하는 사람은 크리스천으로서 정체성을 잃어버린 것입니다.

내 딸도, 내 아들도, 식구들도 하나님이 구속해 주시는데, 때와 기한을 우리가 모를 뿐입니다. 그러므로 자식에게 무슨 문제가 있어도 부모가 자기의 부족을 깨닫고, 때가 되면 구속해 주실 것을 깨닫는 것이 가장 큰 상급입니다. 좋은 자녀, 나쁜 자녀가 따로 없습니다. 다만 부모가 자기 잣대로 자식을 탓하며 속앓이할 뿐입니다.

어느 집사님도 아이를 입양해서 키웠는데, 아이가 무엇이든 자기 마음대로 하지 못하게 하면 칼이나 가위 끝을 자기 입술에 갖다 대면서 자해하는 듯한 행동을 했습니다. 순하고 마음이 따뜻한 자기 아이와 달리 입양아는 전혀 뜻밖의 행동을 해서 무척 당황스러웠답니다. 그런데 그렇게 착하던 큰애가 입양한 작은애의 영향을 받기 시작했습니다. 큰애는 고등학생이고, 작은애는 네 살에 불과한데 말입니다.

집사님은 남편이 외출하고 돌아와서 아이가 어떻게 지냈냐고 물을 때마다 가슴이 무너져 내렸습니다. 자신이 굳이 입양하자고 나섰던 터라 "애가 입에 칼끝을 갖다 댔다"라는 말을 차마 남편에게 할 수 없었던 것입니다. 입양했어도, 입에 칼을 갖다 대어도, 그래도 내 자식이니 어쩌겠습니까. 남편에게도 어떻게 말해야 할지 갈등이 이만저만 아니었답니다. 고난이 시작된 것입니다.

그런데 그 고난이 집사님에겐 축복입니다. 힘든 아이를 통해 하나님께 더 가까이 다가가고, 다른 지체들의 자녀 고난을 공감하고 체휼하는 은혜를 누릴 수 있기 때문입니다.

유순하고 온유하다고 다 좋은 자녀가 아닙니다. 아들들이 말 잘 듣고 훌륭했을 때 낸시는 허벅지를 꼬집어도 은혜를 몰랐습니다. 영적 후사의 의미가 뭔지도 몰랐습니다. 자식이 내 힘으로 어찌할 수 없을 만큼 속을 썩여야 우리가 하나님을 찾기에 하나님은 힘든 자녀를 통해 우리를 훈련하십니다. 그런 점에서 부모의 구원을 위해 자녀가 더 수고하고 있는 것입니다. 문제아 자녀가 있다면, 그 자녀가 나를 위해 수고하고 있다고 여기십시오. 이래도 저래도 다 감사할 것밖에 없는 자녀임을 인정해야 합니다. 이렇게 십자가를 잘 지고 있으면, 하나님께서 자녀를 친히 양육해 주십니다. 그리고 영적 후사를 듬뿍 주십니다.

자녀가 잘 먹고 잘 크고 공부까지 잘하면 내가 눈물 흘릴 일이 뭐 있겠습니까. 내 몫의 십자가를 지고, 눈물을 뿌리며 기도해야 새 하늘과 새 땅이 열립니다. 그렇게 하나님께서 씻겨 주실 눈물이 있는 인생을 사는 것이 큰 상급입니다.

'오후 다섯 시 자녀'를 인정해야 한다

김 집사님은 가난한 어린 시절을 보냈습니다. 아버지는 기술이 있었지만 1년의 절반은 놀면서 지냈고, 어머니가 노점상을 하며 생계를 꾸려 갔습니다. 어머니의 고생과 가난이 아버지 탓이라고 여겨 집사님은 어릴 적부터 아버지를 향한 분노를 키워 왔습니다. 그러나 겉으론 내색하지 않고 착한 아들로 자랐고, 자수성가해서 어엿한 일가를 일구었습니다. 그런데 결혼 후 아들에게 분노를 쏟아붓기 시작하면서 문제가 나타났습니다.

아들은 모든 면에서 그리 부족한 것이 없었습니다. 다만 집사님의 기대에 미치지 못했습니다. "내가 원하는 만큼 자식으로서 제구실해야 내가 너를 대우해 주겠다"며 쉴 새 없이 아들을 몰아붙였습니다.

아들은 점점 곁길로 새더니 결국 고등학교도 졸업하지 못했습니다. 그런 아들을 보면서 집사님은 몇 년 동안 지옥을 살았다고 했습니다. 자신은 힘든 환경에서도 열심히 노력해서 이만큼 이뤘는데, 마음만 먹으면 무엇이든 할 수 있는 아들이 왜 그렇게 됐는지 도무지 이해가 안 되고 용납이 안 되었습니다. 급기야 아들이 꼴도 보기 싫어서 군에 자원입대시켜 버렸습니다.

그러던 어느 날 김 집사님은 말씀을 통해 자기 죄를 보게 되었습니다. 아들에게 능력의 아버지로 군림하며 분노와 정죄만 쏟았던 자신의 죄를 깨달은 것입니다. 그제야 입대 전날 "아빠, 엄마, 미안해" 하고 울먹이던 아들의 해맑은 영혼이 보이더랍니다. "아들의 영혼을 죽인 이 죄를 어쩌면 좋은가?" 하는 고백이 저절로 나왔습니다.

　　마태복음 20장에 포도원 품꾼 이야기가 나옵니다. 오전 아홉 시에 부름을 받은 포도원 품꾼들은 오후 다섯 시에 부름을 받은 품꾼들과 똑같은 품삯을 받게 되자 불평합니다. 자기들은 아침부터 해질 때까지 일했으니 오후 다섯 시에 부름을 받은 품꾼들보다 품삯이 더 많아야 한다고 주장합니다. 그러나 주님은 오전 아홉 시에 온 자들이나 오후 다섯 시에 온 자들이나 똑같다고 하십니다. 오후 다섯 시에 부름을 받은 자들도 똑같이 새벽부터 장터에 나갔으나 써 주는 사람이 없어서 오후 다섯 시까지 서 있었습니다. 일찍 부름을 받은 자들은 인정받아서 이 땅에서 이미 상을 받은 것이나 다름없습니다. 반면에 오후 다섯 시까지 부름을 받지 못한 자들은 그만큼 마음이 가난해져 있기에 감사할 것밖에 없고 불평할 겨를도 없습니다. 그래서 다 공평합니다.

　　열심히 공부하고 싶어도, 열심히 일하고 싶어도, 어떻게 할 줄 몰라 서성이는 '오후 다섯 시 자녀'가 우리에게 있습니다. 우리는 "왜 그렇게 사느냐"고, "네가 열심히 하지 않기 때문에 대우받지 못한다"고 몰아붙이지만 주님은 그 자녀들에게도 뜻을 품고 계십니다.

　　오전 아홉 시에 부름을 받았다고 박수 칠 일도 아니고, 오후 다섯 시에 부름을 받았다고 무시할 일도 아닙니다. 일을 더하든 덜하든, 어떤 종류의 일을 하든, 내가 주님께 부름을 받았다는 것, 주님이 주시는 구원 자체가 가장 큰 상급이기 때문입니다.

　　연약한 자를 쓰시는 하나님께서 '못하는 그 부분'으로 내 자녀를 불러 주심을 믿기 바랍니다. 내 자녀가 지극히 평범하더라도, 혹은 남보다 못하더라도 구원받은 하나님의 자녀로 천국에 입성할 수만 있다면 그것이 최고의 자랑이요, 축복입니다.

성공주의가 만들어 낸 일그러진 자화상

대학 졸업을 앞두고 졸업 작품과 논문을 준비하던 나 집사님의 큰딸이 어느 날 갑자기 울먹이며 엄마한테 전화했습니다.

"엄마, 저 더 이상 못하겠어요!"

수화기 너머로 들려오는 딸의 목소리가 심상치 않았습니다.

다음은 나 집사님의 간증입니다.

어릴 적 부모님은 가정 형편이 어려웠던 탓에 제게 성공만을 강조하셨습니다. 엄마는 항상 "머리가 되고 꼬리가 되지 않게 하시며"(신 28:13)라는 말씀을 가지고 저를 위해 기도하셨는데 이것이 저에겐 무언의 압박처럼 느껴졌습니다. 아버지도 늘 '성공이 최고'라는 가치관을 제게 전하셨습니다. 이런 부모님을 따라 저도 성공을 갈망하며 살았지만, 제 능력으로는 도무지 이룰 수 없을 것 같아 저의 부족한 부분을 채워 줄 남자를 만나 결혼했습니다. 그러나 남편이 도박에 빠져 재산을 탕진하고 잇따라 사업에도 실패하면서 저의 꿈은 물거품이 되었습니다.

그러자 저의 관심은 자녀에게로 향했습니다. 자녀를 성공시키기 위해 이제 막 중학교에 들어간 큰딸에게 검정고시를 치르게 한 후 조기 유학을 보낼 계획을 세웠습니다. 큰딸은 중학교 검정고시 과정을 3개월 만에 통과하며 제 꿈을 이뤄 주는 듯했습니다. 하지만 딸은 지나친 스트레스로 인해 건선피부염과 쇼크성 난독증을 앓게 되었고, 우울증과 대인기피증까지 얻어 집에서만 생활했습니다. 딸은 모든 분노를 저에게 쏟아 냈고, 저는 제 인생이 해석되지 않아 죽을 것만 같았습니다. 그렇게 인생의 내리막을 걷고 있을 때 우리들교회로 인도받았고 갈급한 제 영혼에 하나님이 찾아와 주셨습니다. 하나님은 말씀과 교회 공동체를 통해 제가 얼마나 잘못된 성공 가치관에 사로잡혀서 자녀를 닦달해 왔는지를 깨닫게 해 주셨습니다. 저는 그제야 성공 우상에서 돌이켜 하나님께만 소망을 두게 되었고, 딸은 저의 닦달이 아닌 하나님의 은혜로 대학을 가게 되었습니다. 그러나 딸은 대학에 가서도 난독증으로 힘들어하더니 결국 대학 졸업을 앞두고 포기하겠다고 했습니다. 딸아이가 힘들어하는 것을 보며 마음이 아프면서도, 학벌 욕심을 내려놓지 못해 어떻게든 대학 졸업장만은 따게 하고 싶은 저는 여전히 불량 엄마입니다.

대학에 들어가도 자식 문제는 끝난 게 아닙니다. '성공이 최고'라고 가르친 부모 삶의 결론인 걸 어쩌겠습니까.

나 집사님은 "그래, 수고 많았다. 네가 최선을 다했다는 거 엄마가 알고 있어" 하면서 다정한 말로 딸을 다독였지만, 딸이 조금만 더 버텨 주길 바라는 아쉬움은 감출 수 없었습니다. 그러나 이내 회개했습니다. 힘들어하는 딸보다 '아이가 대학 졸업장을 받지 못하면 어떡하나'를 먼저 걱정하는, 여전히 자신 안에 남은 성공 우상의 쓴 뿌리를 보았기 때문입니다. 나중에 들은 소식이지만 나 집사님의 딸은 '다행히' 여러 사람의 도움으로 무사히 졸업했다고 합니다. 졸업을 해서 다행이라기보다 나 집사님이 성공 우상의 쓴 뿌리를 내려놓음으로써 그런 은혜가 주어진 것이 다행이고 감사입니다.

　일등 부모는 자녀에게 좋고 편한 환경을 만들어 주는 부모가 아니라 편안함을 주는 부모입니다. 경쟁에서 이길 수 있게 해 주는 부모가 아니라 끝없는 경쟁과 유혹에서 승리하기 위해 싸우느라 지친 자녀를 잘 품고 쉴 수 있게 해 주는 부모입니다. 내 힘이 아니라 하나님의 뜻대로, 하나님이 주시는 힘으로 가르칠 때 자녀를 믿음의 거물로 키워 낼 수 있습니다. 내 힘으로 키워 내면 생색밖에 날 것이 없습니다.

힘든 자녀를 주신 이유

　하나님은 왜 우리에게 힘든 자녀를 주셨습니까? 구속사의 계보를 보면 그 이유가 분명합니다.

　인류 최초로 살인죄를 저지르고 여호와 하나님의 낯을 피해 떠난 가인은 약속의 씨인 셋보다도 먼저 성을 쌓았고 자손들도 매우 흥왕했습니다. 가인의 후손에서 가축을 치고, 기구 문명과 음악을 만든 조상이 나왔습니다(창 4:20~22). 세상적으론 아주 성공한 집안이지만,

그래서 그들에게는 여호와의 이름을 부를 일이 없었습니다.

그러나 하나님의 관심은 언제나 택한 자를 향합니다. 세속의 역사가 아무리 찬란해도 하나님의 관심은 언제나 택한 백성을 향합니다. 아무리 사람 많은 곳에 가도 내 자녀는 뒷모습만 보고도 알아보듯, 하나님 역시 택한 자녀가 아무리 초라하고 미미하게 살고 있어도 반드시 찾아내십니다. 그래서 약속의 자손은 인내하고 잘 기다려야 합니다.

하나님이 택하시면 무명한 자라도 아브라함, 다윗, 예수님이 오시는 족보를 이룹니다. 하나님이 택하시면 그 자체로 이 땅에서 최고의 인생이 됩니다. 인간이 100퍼센트 죄인이기에 늘 세상의 것을 소망해서 서로 떨어져 살기도 하고 가까이 살기도 하면서 원수가 되어 전쟁을 치르기도 하지만, 그 가운데서도 예수님이 어떤 혈통을 통해 오시는지를 보는 구속사의 계보를 읽을 수 있어야 합니다.

노아의 족보를 통해서도 그렇습니다. 창세기 9장을 보면, 아버지 노아의 수치를 드러낸 함의 후손들에 대한 저주가 기록돼 있습니다. 자세한 내용은 이렇습니다. 노아의 아들 함이 포도주에 취해 자신의 장막에서 벌거벗은 채 잠들어 있는 노아를 보고 형제인 셈과 야벳에게 그 사실을 알립니다. 특별히 성경은 함이 '아버지의 하체를 보았다'고 기록합니다. 이는 그가 이 모든 사태를 악의적으로 즐겼다는 뜻입니다. 반면에 셈과 야벳은 장막에 뒷걸음질해 들어가 잠든 노아를 옷으로 덮어 줍니다. 그들이 뒷걸음질한 것은 아버지의 벗은 몸을 보지 않기 위함이었습니다.

이후 어떤 일이 벌어집니까? 술이 깬 노아가 함이 자기에게 행한 일을 알고 가나안, 곧 함의 후손에게 다음과 같은 저주를 내리죠.

> 이에 이르되 가나안은 저주를 받아 그의 형제의 종들의 종이 되기를 원하노라 하고_창 9:25

그런데 이어지는 10장에 기록된 노아의 족보를 보면 함의 자손은 그야말로 형통의 족보입니다. 그의 씨에게서 대단한 영걸이 나오고 강력한 민족들이 나왔습니다. 여호수아가 정복전쟁을 치르기 전 가나안을 차지하고 있던 민족이 바로 이 함의 후손들입니다. 우리는 이것을 어떻게 해석해야 할까요?

세상에서는 하나님께 버림받은 자가 택한 자보다 번성할 수 있습니다. 그러나 하나님 없는 악인의 형통은 일시적입니다. 잠시 반짝 빛나지만 성경 역사를 통해 함의 후예들이 종노릇한 것을 우리는 알고 있습니다.

중요한 것은 문제 부모, 문제 자녀 때문에 온갖 상처와 슬픔과 억울함을 끌어안고 살면 안 된다는 것입니다. 그러면 함의 후예처럼 됩니다. 종들의 종이 되어야 구원의 장막에 함께 거할 텐데, 함의 후손들은 대부분 구속사적으로 상처를 해결하지 못하고 '이겨야 한다, 투쟁해야 한다'며 시기심에 불타 있습니다. 상처 많은 사람의 특징입니다.

아버지 노아는 대단한 믿음의 지도자였지만, 그의 아들 함은 방주 짓는 것도 싫었을 것이고, 깜깜한 데서 1년 동안 있는 것도 싫었을 것입니다. 세상 사람들은 다 놀고먹는데 예배드려야 한다고 붙잡고, 구원받으라고 성화니 얼마나 싫었겠습니까. 더구나 그로 인해 수치와 조롱까지 받았으니 얼마나 아버지가 원망스러웠겠습니까. 그러니 밖으로 돌면서 "우리 아버지는 집안일에는 관심도 없고, 우리를 돌보지 않고, 예수에만 미쳤다" 하면서 비난하고 다닙니다. 자신도 육신의 정욕이 약점인데, 아버지가 술에 취해 하체를 드러내고 있으니 "그러면 그렇지, 아버지라고 별수 있어?" 하면서 셈과 야벳에게 가서 고합니다.

하나님께 절대주권이 있지만, 하나님은 우리에게 자유의지를 주셨습니다. 상처가 아무리 대물림되어도 내 대에서 그 아픔을 끊는 것은 내 몫입니다. 구원의 일을 해야 할 때 늘 상처를 끌어내어 발목을 잡으면 안 됩니다. 부모의 잘못을 물고 늘어지면 안 됩니다. 노아의 예언을 영적으로 듣지 못했으니 함으로서는 얼마나 분했겠습니까. 보란 듯이 성공하고 싶었을 것입니다. 그에겐 이 땅에서 잘사는 것을 보여 주는 것이 인생의 목표였을 것입니다. 그래서 잠깐은 형통할 것으로 보입니다. 그러나 이 땅에서 잘사느라 천국에 소망을 두지 않는 것이 가장 큰 형벌입니다.

창세기 9장과 10장 말씀이 주는 교훈을 단순히 '술 취하지 말라'로 받아들인다면 그것은 도덕적 차원의 적용에 불과합니다. 이런 노아의 실수를 통해서 셈과 함과 야벳의 믿음이 드러나는 것을, 이런 말씀을 통해서 예수님의 족보가 걸러지는 구속사를 보아야 합니다.

어떤 자녀든지 그 자녀를 통해서 예수님이 오신다는 것을 보아야 합니다. 공부를 잘하든 못하든, 몸이 아프든 건강하든 하나님은 그 자녀를 나보다 더 사랑하시고, 잘 알고 계십니다. 그 자녀 안에 있는 하나님의 형상을 보지 못해서 우리 부모의 인생이 힘든 것입니다.

아버지의 마음

학생의 때를 잘 보내지 못하다가 뒤늦게 철이 들어 공부를 열심히 하는 박 집사님의 아들 이야기입니다. 나이로 치면 4수생인 셈인데 뒤늦게야 수능에 도전하겠다는 이 '보석 아들' 때문에 온 가족이 우리들교회에 나오게 되었고, 말씀이 들리기 시작했습니다.

박 집사님은 수요예배, 주일예배, 목장예배를 빠짐없이 드리는 아들의 열심 뒤에는 좋은 대학에 가서 세상적으로 성공하여 떵떵거리며 살기 바라는 야심이 있다는 것을 알고 있었습니다. '내가 이렇게 열심히 예배드리니까 하나님이 나에게 좋은 보상을 주시겠지' 하는 대가를 바라는 열심인 것입니다. 그럼에도 박 집사님은 늘 말씀 듣는 자리에 아들을 데려갔습니다.

그런데 배려심 많고 심성이 착하고 때로는 아빠보다 세상 분별을 더 잘하는 딸이 S대에 합격했습니다. 그러자 아들이 성을 내며 "왜 공부도 잘 안 하는 동생은 합격하고, 나는 이렇게 열심히 하는데 성적이 안 오르는 거야! 하나님은 나를 사랑하지 않는 건가?" 하면서 소리를 질렀답니다. 그런 아들이 못마땅해서 박 집사님도 한마디 했습니다.

"그래! 나도 네가 좋은 대학에 가는 걸 원치 않는다!"

비록 부자지간에 언쟁은 있었지만, 박 집사님은 그나마 우리들 교회에 다니니 이런 대화 같은 대화를 할 수 있었다고 감사했습니다. 아들도 아빠와 다퉜지만 평소처럼 도서관에 갔습니다.

이 사건으로 박 집사님은 "종들의 종이 되어서라도 하나님의 장막에 거하라"고 저주했던 노아의 마음을 이해하게 되었습니다. 지금까지 자기가 하고 싶은 대로 인생을 살았던 아들이 단기간의 공부로 명문대에 합격한다면 교만해질 것을 아시고 하나님이 '이 아이를 어떻게 손볼까' 고민하고 계실 것 같은 생각이 들었답니다.

그러던 어느 수요일, 예배를 마치고 집으로 돌아오는 차 안에서 아들이 자신이 계획한 모든 야망과 욕망을 내려놓겠다고 고백했습니다. 그 말을 듣는 순간, 박 집사님은 '나라도 붙여 주고 싶다'는 마음이 강하게 들었습니다. 아들이 '이 세상에서 가장 소중하고 아름다운 가치가 무엇인지를 알았으니, 육적인 복도 받았으면' 싶었습니다. 이것이 바로 아버지의 마음입니다. 우리를 향한 하나님 아버지의 마음도 그렇습니다.

자녀는 하나님의 선물

우리에게 주신 자녀는 다 선물입니다. 어떤 형편으로 주셨든지 다 선물이라는 걸 알아야 합니다. 힘든 자녀를 통해서 알게 되는 가장 큰 상급을 우리가 '받고, 알고, 누리고' 가야 하는 것입니다.

히브리서 11장 6절에 분명히 말씀하시기를, "믿음이 없이는 하나님을 기쁘시게 하지 못하나니 하나님께 나아가는 자는 반드시 그가 계신 것과 또한 그가 자기를 찾는 자들에게 상 주시는 이심을 믿어야 할지니라"고 했습니다. 로마서 8장 32절은 또 이렇게 기록하고 있습니다. "자기 아들을 아끼지 아니하시고 우리 모든 사람을 위하여 내주신 이가 어찌 그 아들과 함께 모든 것을 우리에게 주시지 아니하겠느냐."

그렇습니다. 우리에겐 좋은 자녀, 나쁜 자녀가 없습니다.

전(前) 미국 대통령인 오바마의 아버지는 네 번이나 결혼했고, 어머니는 두 번이나 결혼하고 이혼했습니다. 하와이 대학 최초의 흑인 학생이었던 오바마의 아버지는 케냐에 처자식을 둔 기혼남으로서 미국에 와서 오바마의 어머니와 결혼했습니다. 그러나 오바마를 낳자마자 이혼하고, 또 다른 미국 여자와 결혼했으나 다시 이혼하고, 케냐로 돌아가 또 다른 케냐 여자와 결혼했습니다. 오바마는 자신이 하버드 로스쿨 출신의 대단한 엘리트였기에 결혼과 이혼을 거듭하는 아버지를 더 용서하기 어려웠을 것입니다.

오바마의 어머니도 아버지와 이혼한 뒤 인도네시아 사람과 결혼했다가 또 이혼을 했습니다.

이렇게 상처가 많은 사람이 어디 있겠습니까? 그런데도 오바마는 공부도 잘하고 반듯하게 자라서 시민운동, 인권운동을 하는 어른이 되었습니다. 그리고 케냐인인 아버지와 인도네시아인 양아버지,

백인 어머니 모두가 신앙이 없는데도 훌륭한 대통령이 되었습니다. 그의 훌륭함이 믿음인지 성품인지는 아직 모르겠습니다. 아무튼 누구 부모는 저러고 살아도 그 아들은 공부 잘해서 대통령까지 되는데, 내 자식은 날마다 눈물로 기도해도 부모 속만 썩이고, 부모를 벌레 쳐다보듯 합니다. 이것이 오늘 우리의 주제가입니다.

그러나 분명한 것은, 착하고 성품 좋은 엘리에셀만 좋아하지 말라는 것입니다. 하나님이 내게 주신 것을 '좋다, 나쁘다'로 평가하면 안 됩니다. 오늘 내가 할 일은 감사이고, 하나님을 인정해 드리는 것입니다. 하나님은 100퍼센트 옳으시기에 이런 자녀를 주셔도 우리는 감사하고, 인정해야 합니다.

자녀가 없습니까? 힘든 자녀가 있습니까? 그렇다면 그것 때문에 영적 축복이 주어지기를, 내게도 영적 후사가 주렁주렁 열리기를 기도해야 합니다. 나에게 효도하라고, 못 다한 내 야망을 이루라고 자녀를 주신 것이 아닙니다. 자녀의 배반을 통해 나의 거룩을 이루어 가라고 주신 선물입니다. 상처받고 싶지 않다면 절대 배반하지 않을 강아지를 데리고 사는 게 백번 낫습니다.

좋은 자녀, 완벽한 결혼이 이 세상에 어디 있겠습니까? 천국에서는 다 구원받은 사람들만 만날 텐데, 우리 집의 구원을 이루기 위해 수고하는 내 자녀, 내 식구들을 볼 때마다 우리는 눈물을 흘리며 기도하고 감사해야 합니다. 25년 후, 아브라함에게도 결국 육적 후사를 주셨듯이 그렇게 기도하고 감사할 때 우리에게도 육적으로 필요한 것을 채워 주실 줄 믿습니다.

내 자녀가 지극히 평범하더라도,

혹은 남보다 못하더라도

구원받은 하나님의 자녀로 천국에 입성할 수만 있다면

그것이 최고의 자랑이요,

축복입니다.

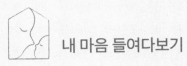

내 마음 들여다보기

Q. 자식이 없거나 속 썩이는 자식들이 있다고 할지라도 왜 그런 사건을 주셨고, 왜 그런 자녀를 주셨는지 하나님의 뜻을 알고 있습니까? 지금 내게 주신 남편이나 아내, 부모는 물론 자녀도 나에게 꼭 맞는 하나님의 세팅이라는 것을 인정합니까?

_____

_____

_____

_____

_____

Q. 내가 지금 자녀를 탓하며 속앓이하는 이유는 무엇입니까? 그럴 때마다 나의 부족을 깨닫고 있습니까? 그 깨달음이 가장 큰 상급임을 믿습니까?

_____

_____

_____

_____

_____

Q. 어떤 자녀든지 그 자녀를 통해 예수님이 오신다는 것을 인정합니까? 공부를 잘하든 못하든, 몸이 아프든 건강하든 하나님은 그 자녀를 사랑하신다는 것을 인정합니까? 그 자녀 안에 있는 하나님의 형상이 보입니까? 그것을 보지 못해서 내 인생이 힘든 것임을 깨닫고 있습니까?

_____

_____

_____

_____

Q. 자녀가 없습니까? 힘든 자녀가 있습니까? 그렇다면 그것 때문에 영적 축복이 주어지기를, 내게도 영적 후사가 주렁주렁 열리기를 기도하고 있습니까? 우리 집의 구원을 이루기 위해 수고하는 내 자녀, 내 식구들을 볼 때마다 눈물을 흘리며 감사하고 있습니까?

_____

_____

_____

_____

우리들 묵상과 적용

어느 날, 아들이 아내를 경찰에 신고했다는 전화를 받았습니다. 그 전화에 제 첫 번째 반응은 '혹시 아들을 때렸냐?'였습니다. 그렇다는 아내의 말에 화가 나서 전화를 끊었습니다. 그 주 주일에 요아스 왕의 어머니 시비아(왕하 12:1)에 대해 말씀해 주시며 믿음의 어머니가 중요하다고 하셨는데 믿음의 어머니는커녕 아들과 싸워서 신고를 당하고 집에 경찰까지 오게 만든 아내가 너무 정죄되고 판단되었습니다.

아내와 대화하다가 "당신은 뭐가 다르냐"는 아내의 말에 화가 나서 집을 나왔습니다. 사건을 해석하고자 말씀을 반복해서 들었습니다. 사역을 뒤로하고 세상 블레셋으로 나가 아내와 아이들이 산당제사를 드리게(왕하 12:3) 만든 제 죄로부터 시작된 사건임이 인정되어 회개가 되었고 아내에게 사과했습니다.

이후 아내와 아들은 경찰서에서 조사를 받았고, 사건은 검찰로 넘어갔습니다. 아내는 법원에서 위탁한 상담 센터에서 상담을 받으며 부모양육태도 검사도 받았습니다. 아내의 결과는 제가 예상한 대로 양육 태도가 감정에 따라 일관적이지 않다고 나왔습니다. 그런데 제 검사 결과를 본 전문가는 방임에 가까운 양육 태도라고 지적했습니다. 아이가 성장하는 데 있어서 부모로서 마땅히 해야 할 정도의 학업에 대한 요구도 없고 아직 미성숙한 아이의 사생활을 과하게 인정해 주고 기대도 없는 태도가 적당한 아이의 발달에 악영향을 미칠 수 있다는 것입니다. 그래서 아들은 자기 마음대로 안 되면 감정을 필요 이상으로 표현하고 작은 일에도 욕설과 폭력으로 표출한다는 것입니다. 그 말에 아내뿐 아니라 저에게도 문제가 있다는 것을 알게 되었습니다.

몇 달 후 저와 아내와 아들은 법원에 갔습니다. 아내의 사건 기록을 확인한 판사님은 "아이 키우기 힘드셨겠네요. 저 같아도 그랬겠지만 시대가 바뀌어서 방법을 바꾸셔야 합니다"라고 하셨습니다. 그리고 사건은 불처분으로 마무리되었습니다.

이후 부부목장에서 내가 행하고 있는 점진적인 악이 무엇인지 나누며 아들의 사건을 나누었습니다. 첫째가 태어나고 아이의 외모로 사람들에게 인정받았던 것이 내가 인정받는 것 같았고, 아이에게는 목회자 자녀로서의 부담감을 주고 싶지 않다는 세상적인 가치관이 있었다는 것을 깨달았습니다. 그래서 아내가 아닌 아들 편을 들어 주며 아들을 이해하지 못하는 아내를 무시한 것이, 지금 아들이 아내를 무시하고 폭력과 욕설을 하게 된 근본적인 악이었음을 고백했습니다.

아이가 어렸을 때는 문제가 없어 보였지만 결국 아이가 크고 자기 생각이 들기 시작하면서 저의 잘못된 선택이 아내와 아들의 갈등을 키워 신고의 사건으로까지 이어졌다는 생각이 들었습니다. 제가 문제 부모임을 인정합니다. 이제는 내 생각대로 아이를 양육하는 것이 아니라 공동체에, 말씀에 물으며 갈 수 있기를 소망합니다.

Chapter 2

문제 부모가
문제아를 만듭니다

어느 자매가 매일 새벽예배를 드린다는 목회자 집안의 장남과 소개받은 지 넉 달 만에 결혼했습니다. 그러나 얼마 후 남편에게 큰 빚이 있다는 것을 알게 되었고, 그 사실이 알려지자 남편은 집을 나가 소식을 끊어 버렸습니다.

신혼의 단꿈을 맛볼 시기에 죽을 것 같은 큰 사건들이 한꺼번에 닥쳐왔지만, 목회자 집안이라는 이유로 어디다 속내를 털어놓기도 어려웠습니다. 그러던 차에 우리들교회 목장 모임을 찾았습니다. 그 자매는 목장에서 그동안의 고통을 나누며 말씀으로 위로받고서야 겨우 살아났습니다. 그리고 남편의 빚을 자신이 갚기로 결심하고, 문자 메시지와 이메일로 남편에게 그 소식을 전했습니다. 그러기를 1년, 드디어 남편에게서 답장이 왔습니다. 남편이 처음으로 자신의 속마음을 드러낸 편지였습니다.

남편은 목회자 자녀라는 이유로 무조건 참아야 하는 것은 물론, 작은 실수도 크게 여겨지는 엄한 분위기 속에서 좀처럼 자기 의견을 표현할 수 없는 것이 너무 비참했고, 그럴수록 자신이 하찮게 여겨졌다고 했습니다. 억지로 신학 공부를 시키려 한 아버지, 아무것도 준비되지 않은 상황에서 등 떠밀어 결혼시킨 어머니와 주변 사람들, 그리고 결혼 후 자신의 과오가 드러나자 비난을 퍼붓는 아내……. 그에게는 이 모든 것이 상처가 되었다고 했습니다.

　　자매는 남편의 편지를 읽고 나서야 남편이 신앙생활을 잘한 모범생이 아니라 내면에 깊은 상처가 있는 문제아였음을 알았습니다.

　　어려서 부모 말을 무조건 잘 듣는다고 효자 효녀가 아닙니다. 모범생 중에도 이 자매의 남편과 같은 사람이 많습니다. 부모가 원치 않는 일을 강요할 때 때로 반항하는 아이가 건강한 자녀입니다. 악을 쓰고 물건을 부수며 싸우는 부부는 도리어 이혼하지 않습니다. 아무 문제 없는 듯 조용하게 살다가 '교양 있게' 이혼하는 사람들이 의외로 많습니다.

　　이 자매의 남편이 겪은 것처럼 믿음을 심어 준다면서 말씀으로 자녀를 위협(?)하는 크리스천 부모들이 많습니다. 진정 내 자녀가 구원받기를 원하고 믿음이 성장하기를 바란다면, 먼저 부모가 자신의 죄를 깨닫고 인정해야 합니다. 자녀 앞에서 자신의 연약함을 시인하며 애통해하는 모습을 보여 줘야 합니다. 그래서 부모도, 자녀도 하나님을 떠나서는 살 수 없다는 걸 보여야 합니다. 그것이 살아 있는 신앙 교육입니다. 자신도 지키지 못하는 신앙의 기준을 휘두르며 자녀를 정죄해 그들을 하나님과 멀어지게 하는 건 아닌지 스스로 돌아봅시다. 문제아는 없습니다. 문제 부모만 있을 뿐입니다. 문제 부모가 문제아를 만드는 것입니다.

성경 속 문제 부모

성경에 나오는 문제 많은 부모로서 사무엘서의 제사장 엘리를 손꼽을 수 있습니다. 엘리는 아들들이 제사장 직분으로 갖은 악행을 저지르는데도 아버지로서 막지도 처벌하지도 못했습니다. 죄를 다루는 제사장은 도덕적으로 누구보다 엄격하게 구별되어야 하는데, 제사장인 아들들이 오히려 성전을 섬기는 여인들과 반복해서 성적(性的)으로 놀아나 나실인이 된 여인들을 성전 창기로 만들었습니다.

23 그들에게 이르되 너희가 어찌하여 이런 일을 하느냐 내가 너희의 악행을 이 모든 백성에게서 들노라 24 내 아들들아 그리하지 말라 내게 들리는 소문이 좋지 아니하니라 너희가 여호와의 백성으로 범죄하게 하는도다 25 사람이 사람에게 범죄하면 하나님이 심판하시려니와 만일 사람이 여호와께 범죄하면 누가 그를 위하여 간구하겠느냐 하되 그들이 자기 아버지의 말을 듣지 아니하였으니 이는 여호와께서 그들을 죽이기로 뜻하셨음이더라 _삼상 2:23~25

엘리는 아들들의 악행을 소문으로 들었으나, 그것을 하나님의 음성으로 듣지는 못했습니다. 들어도 못 들은 척했을지도 모릅니다. 그런데 악행이 커지니 소문도 더 커졌습니다. '내가 제사장인데 누가 어쩌겠어?' 하다가 도저히 지나칠 수 없는 상황까지 가고 만 것입니다. 그제야 아들들을 가르쳐 보려 했지만 이미 때는 늦었습니다. 아들들이 듣지 않았습니다.

엘리는 "너희의 악행을 내가 들었다. 그리하지 말라!"고 강하게 지적만 했을 뿐 처벌하지 않았습니다. 아들들의 악행을 알았다면 그들을 제사장직에서 해임해야 했습니다. 성전에서 내보내야 했습니다. 그런데 그냥 그대로 두면서 지적만 했습니다. 말만 앞서는 사람에게는 능력이 안 생기는 법입니다.

얼마 후 하나님께서 이 아들들을 다 죽이십니다(삼상 4:17). 엘리가 내쫓지 못하니까 죽음으로 그 아들들을 빼앗으십니다. 엘리가 먼저 아들들을 해임했다면, 하나님께서 죽이지는 않으셨을 것입니다. 자녀의 악한 행실에 대해 우리는 과연 어떤 태도를 보이는지 생각해 봐야 합니다. 그러면 안 된다고 말로만 가르치면서 악을 방치하는 건 아닌지 돌아봐야 합니다. 용돈을 끊고, 인간적인 정을 끊어서라도 단호하게 악을 내쫓는 적용을 해야 합니다.

엘리는 아들들을 타일렀지만 그의 말에는 힘이 없었습니다. 노인의 충고쯤으로 여길 뿐, 아들들이 전혀 돌이키지 않았습니다. 엘리는 아들들을 야단쳤지만, 한편으로는 아들들이 가져온 것을 함께 먹으며 살을 찌웠습니다. 그리고 더 큰 문제는 하나님보다 아들을 더 중히 여긴 것입니다. 엘리가 의자에서 넘어져 죽은 이유는 늙고 비대했기 때문인데(삼상 4:18), 영적으로도 늙고 둔해서 분별이 안 되니 하나님보다 아들을 더 중히 여겼습니다. 이것이 엘리의 구체적인 죄입니다.

　제사장으로서 다른 이들과는 구별된 삶을 살아야 하는데, 그렇게 살지 못하니까 이름도 없는 하나님의 사람이 와서 엘리에게 '한량없는' 수치를 준 것입니다(삼상 2:27~36).

　하나님의 심판은 항상 현재형입니다. 나중에 오는 것이 아닙니다. 아버지가 타일러도 아들들은 말을 안 듣고, 아버지는 그런 아들을 못 끊어 내니까, 하나님이 마지막으로 사람을 보내어 경고하고 회개를 촉구하셨습니다. 그런데도 엘리는 끝까지 회개하지 않았습니다. 왜 회개하지 않았습니까? 하나님께서 나와 자녀, 우리 집안을 멸하기로 작정하셨다는데 이 무서운 경고를 받고도 왜 회개하지 않았습니까?

　그 자리에서 누리는 것이 너무 좋았기 때문입니다. 하나님 나라를 영의 눈으로 볼 수 없었기 때문에, 썩어질 세상이 영원할 것처럼 누린 것입니다. 그러니 경고의 말이 들렸겠습니까? '지금 이렇게 편하고 좋은데 저주는 무슨 저주?' 이러고 살았던 것입니다.

　아들들을 강퍅하게 키운 것은 아버지 엘리의 잘못입니다. 무능한 엘리 한 사람 때문에 집안 대대로 슬픔이 임하고 제사장 직분마저 빼앗겼습니다. 그러고는 떡 한 덩이 때문에 제사장 직분을 구걸하는 신세가 되었습니다(삼상 2:36). 사명 때문이 아니라 돈을 벌기 위해 목회지를 찾아 헤매는 신세가 되었습니다.

　가정에서 부모가 잘못함으로 그 집안이 몰락하고, 교회가 몰락

하는 것입니다. 가정의 지도자인 부모가 하나님을 멸시하면 내 자녀, 후손들까지 하나님의 징계를 받게 됩니다. 이 말씀을 무서운 경고로 받아야 합니다.

엘리와 그 아들들은 하나님을 알지 못했습니다. 하나님의 마음도, 뜻도 몰랐습니다. 하나님을 사랑하지도 않았습니다. 결국 하나님은 한나라는 이름 없는 여인의 기도를 통해서 사무엘을 얻으셨습니다. 엘리는 대제사장으로서 얼마든지 하나님의 뜻을 알 수 있는 환경에 있었지만, 영적으로 둔해서 한나만도 못한 사람이 되고 말았습니다. 깨닫지도 못하고 순종도 못했습니다.

하나님은 결국 어린 사무엘을 통해 하나님의 일을 이루십니다. 하나님의 일에는 학벌이나 나이가 다 필요 없다는 걸 보여 주셨습니다. 이것이 구속사입니다.

자녀를 우상 삼는 죄

죄 중에 가장 큰 죄는 도벳 사당을 건축해서 자녀를 불에 사르는, 자녀를 우상의 제물로 삼아 달달 볶는 것입니다.

힌놈의 아들 골짜기에 도벳 사당을 건축하고 그들의 자녀들을 불에 살랐나니 내가 명령하지 아니하였고 내 마음에 생각하지도 아니한 일이니라_렘 7:31

창세기부터 예레미야에 이르기까지, 또 한국 땅에 이르기까지 모두가 자녀가 우상입니다. 힌놈의 아들 골짜기에 도벳 사당을 건축하고, 자녀를 최고로 만들기 위해서 불로 사릅니다. 그러다 보니 자녀 문제에 걸려 넘어지지 않는 부모가 없습니다. 부모들이 속상한 이유는 자녀들이 공부 못하고, 속 썩이고, 자신들의 꿈을 이루어 주지 못하기 때문입니다. 예수를 믿어도 자녀 때문에 적용을 못 합니다.

우리들교회 민 집사님은 부모로부터 신앙의 유산을 물려받은 모태신앙인이지만, 세상 성공에 목숨을 걸고 살았습니다. 자녀 양육도 말씀보다는 세상 성공에 우선순위를 두었기에 원정 출산까지 감행해 아이에게 미국 시민권을 안겨 주었습니다. 두뇌 발달에 좋다는 이유로 바이올린 활도 제대로 들지 못하는 36개월짜리 딸아이에게 바이올린을 가르치는 등 성공 교육에 집착했습니다. 그런데 아이는 원하는 대로 따라와 주지 않았고 육아도, 부부 관계도 갈등을 겪으면서 우리들교회에 왔습니다.

하나님을 믿는다고 하면서도 내가 내 인생의 주인이 되어 내 마음대로 사는 것이 얼마나 큰 죄악인지 예배와 공동체를 통해 알게 되었습니다. 하나님 앞에서 회개가 나왔고, '삼가라'는 바울의 경고를 말씀을 통해 날마다 깨닫게 되었습니다(빌 3:2). 그러나 바울의 고백처럼 이미 얻은 것도 아니고 온전히 이룬 것도 아닌데(빌 3:12), 저희 부부가 소그룹의 리더가 되고 교회 봉사도 예전보다 열심히 한다고 여겨지니 안이한 생각이 들기 시작했습니다.

'내가 너무나 소중히 여기는 시간과 물질, 게다가 자녀들까지 하나님께 드렸으니 하나님도 어느 정도는 나한테 짠 하고 보여 주시겠지' 하며 육적인 복을 바라는 마음이 스멀스멀 올라온 것입니다. 그렇다 보니 아이들과 큐티는 하지 못해도 그날 해야 하는 공부는 억지로라도 시키며 잔소리와 혈기로 아이들을 잡기 일쑤였습니다.

그러던 중 초등학교 1학년인 둘째 딸이 한글을 잘 읽지 못해 병원을 찾아갔는데 '주의력 결핍'이라는 진단을 받았습니다. 예전의 저였으면 이런 청천벽력 같은 사건 앞에서 힘없이 무너졌겠지만, 공동체에 붙어 있다 보니 오히려 정신을 바짝 차리게 되었습니다. 저에게 온 이 사건이 100퍼센트 옳으신 하나님의 뜻임을 인정하게 된 것입니다. 한글도 제대로 읽지 못하는 딸을 매일 영어 학원에 보내며 힘들게 했는데, 즉시 모든 학원을 끊고 그저 날마다 말씀을 같이 읽고 나누었습니다. 이제 아이는 그렇게 힘들어하던 한글을 술술 읽습니다.

이제는 썩어 없어질 땅의 상을 바라며 기대하기보다, 하나님이 위에서 부르신 부름의 상을 위하여 푯대를 향해 달려가고 싶습니다(빌 3:14). 내 욕심과 집착으로 자녀를 망칠 뻔했는데 경고의 사건으로 살려 주신 주님께 감사드립니다. 이제부터라도 오직 말씀으로 아이들을 양육하고, 내가 미국 시민권과는 비교도 안 되는 천국의 시민권을 가진 자라는 사실을 가슴에 깊이 새기겠습니다.

　민 집사님은 자신의 욕심과 집착으로 자녀를 망칠 뻔했는데 경고의 사건으로 살려 주신 주님께 감사하다고 했습니다. 이제부터라도 자녀들이 하기 싫어하는 것을 내 뜻대로 강요하지 않고, 대신 매일 아침 자녀들과 큐티로 하루를 시작하겠다고 합니다. 쉽지 않겠지만, 그래도 자녀가 어렸을 때 깨닫고 말씀을 보게 되어 참 다행이라고 생각합니다.

좋은 부모는 어떤 부모인가?

모든 죄의 마지막에는 언제나 자녀 우상이 있습니다. 성전 지도자인 엘리 대제사장도 자녀에 대해서는 둔했습니다. 한나가 울며 기도하는 걸 보고는 술 취했다고 비난하더니 자기 아들들에 대해서는 관대했습니다.

하나님을 중히 여기고, 하나님만 사랑하는 것이 영적 리더십의 덕목입니다. 하나님을 사랑하므로 자녀를 엄벌할 수도 있어야 합니다. 하나님을 사랑해야 자녀도 진정으로 사랑할 수 있습니다.

왜 하나님이 아브라함에게 독자 이삭을 바치라고 하셨을까요? 하나님의 사랑을 알아야 자녀를 사랑할 수 있기 때문입니다. 이원론으로 '하나님 사랑 vs. 인간 사랑', 이렇게 나누는 게 아닙니다. "내가 하나님을 너무 사랑해서 남편의 사랑을 잃었다", "하나님 일 한다고 아내의 사랑을 잃었다" 하는 건 말도 안 되는 소리입니다. 하나님을 사랑하기 때문에 가족도, 이웃도, 지체도 사랑할 수 있습니다. 하나님을 사랑하기 때문에 이기적인 삶에서 이타적인 삶으로 바뀌고, 욕심으로 하는 사랑이 아니라 내 목숨도 내어 줄 수 있는 진정한 사랑을 하게 되는 것입니다.

내 자녀가 예쁘고 귀하고 사랑스러운 것은 인지상정입니다. 그러나 자녀가 하나님보다 더 귀해서 해 달라는 대로 다 해 준다면 자녀를 사망의 길로 인도하는 것입니다. 주일에 예배드리는 대신 산 좋고 물 맑은 곳으로 데리고 다니면 좋은 아버지입니까? 유산을 남겨 주고 땅을 물려주면 좋은 부모입니까? 내가 죽은 다음에 추도예배라도 드려 주기는 하겠지만, 그렇다고 자녀가 나를 사랑해 주고 존경해 주는 건 아닙니다.

좋은 아버지는 하나님을 가장 귀하게 여기는 아버지입니다. 비싼 옷, 좋은 것은 못 사 줘도, 남겨 줄 유산이 없어도 예수 그리스도를 믿는 믿음을 물려주는 부모가 최고의 부모입니다. 엘리가 아들들을 잘 먹이고 잘 키웠지만, 아들들은 하나님이 죽이시기로 작정할 만큼 악한 인생을 살았습니다. 내가 하나님보다 돈과 쾌락을 중히 여겼기 때문에 내가 살아온 삶의 결론으로 악하고 음란한 자녀가 나온 것입니다.

'좋은 아버지'가 되는 것이 인생의 목적이었던 장 집사님은 자녀들을 산으로, 들로 데리고 다니며 다양한 경험을 쌓게 해 주려고 노력했습니다. 그런데 고집 센 딸이 중학교에 입학하더니 사춘기와 무기력증이 와서 반항하기 시작했습니다. 급기야 학업을 중도에 포기하기에 이르렀습니다. 아이는 정신과 상담도 받았으나 은둔형 외톨이가 되어 버렸습니다. 이들 부부에게는 겉으로 드러내지는 않았지만 자녀 우상이 있었습니다. 장 집사님은 딸을 대안학교에 보내 환경을 바꿔 보았으나, 그마저도 기숙사 생활을 적응하지 못해 포기하고 말 았습니다. 지금은 딸이 기독교 홈스쿨링 센터에 잘 다니고 있지만 여 기서도 문제 부모의 모습이 여실히 드러납니다. 장 집사님의 간증입 니다.

고등학교 1학년 때 돌아가신 아버지는 생전에 매우 엄격하셔서 저는 아버지와 추억이 그다지 많지 않았습니다. 그랬기에 결혼 후 아이들 에게 '좋은 아버지'가 되는 것이 저의 소박한 목표였습니다. 좋은 아버 지가 된다는 것이 허황되고 욕심 많은 목표가 아니라 여겼기에 내 힘 으로 충분히 이룰 수 있다고 생각했습니다. 그래서 직장을 다니는 아 내를 대신해 주말과 공휴일에는 자녀들을 데리고 들로 산으로 다니며 다양한 경험을 쌓게 해 주려고 노력했습니다. 교회에 다니는 것을 조 건으로 결혼했기에 가정의 평화를 위해 교회에 다녔을 뿐 예수님은 안중에도 없었습니다. 그러곤 스스로 아버지의 역할을 잘 수행하고 있다고 생각하며 나의 의만 쌓아 갔습니다.

그러다 딸이 초등학교에 입학했을 무렵 해외 근무를 나갔다 4년 만에 돌아왔습니다. 잠깐의 공백과 상관없이 가장으로서 제 자리가 굳건할 줄 알았지만 이미 아이들은 제 생각과 힘으로 제어할 수 있는 대상이 아니었습니다. 딸은 아침에 학교 가라고 깨우는 것에도 암팡지게 짜 증을 냈고, 잘 시간이라고 얘기해도 말을 듣지 않았습니다. 저는 이런 딸과 부딪치기 일쑤였고, 아들은 꼬박꼬박 자기 말이 맞다고 우기며 반항했습니다. 계속해서 일어나는 크고 작은 다툼 속에서 저는 '가장 의 권위'만 붙들며 자녀들을 옳고 그름으로 정죄했습니다. 같은 모양으로 혈과 육을 지닌 자녀들이 결국은 나의 모습임에도 정작 내 죄는 보지 못하고 '교육'이라는 핑계로 손을 대는 경우도 많았습니다. 내 자리에서 밀려나는 서러움과 두려움으로 자기연민에 사로잡혀 서서히 문제 아버지가 되어 갔던 것입니다.

얼마 전 단정한 옷으로 갈아입고 가족사진을 찍었는데, 바로 직전에 아들이 제게 혼이 나는 바람에 사진 속 우리 가족의 표정은 울상 그 자체였습니다. 좋은 아버지로 멋진 가정을 이루어 보겠다고 열심을 부렸으면서도, 가족을 울상 짓게 한 사람은 다름 아닌 저였습니다.

중학교 2학년이 된 딸아이는 제도교육에 적응하지 못해 학교를 떠나 있습니다. 하지만 그런 딸의 수고를 통해 고난이 저를 온전하게 하시려는 하나님의 사랑이고, 우리 집을 지어 가는 주체가 내가 아닌 하나님임을 깨달아 가고 있습니다. 만물을 지으신 하나님의 아들이신 예수님에 대한 소망의 확신과 자랑을 끝까지 굳게 잡기를 원합니다. 하나님께서 내게 주신 자녀들에게 나의 힘과 능력으로 무엇을 채워 주기보다, 예수님을 깊이 생각함으로 삶으로 본을 보이는 좋은 아버지가 되고 싶습니다.

그래도 장 집사님이 2년간 예배에 힘을 쏟은 것이 결코 헛되지 않은 것 같습니다. '고난이 축복'이라는 말을 뼈저리게 깨달은 집사님은 딸의 수고로 목자까지 됐습니다. 그리고 무엇보다 지금은 딸이 중학생의 때를 잘 보내고 있습니다. 그저 예배를 드리고 또래와 같은 생활을 할 뿐인데도 딸의 회복이 기적과도 같은 은혜라고 고백합니다.

또 가끔 사랑한다고, 고맙다고 문자 보내는 딸 때문에 감사의 눈물을 흘립니다. 요즘은 그동안 딸 때문에 보이지 않던 아들의 문제가 드러나기 시작했습니다. 그래도 딸을 통해 한 차례 고난을 겪은 터라 장 집사님은 예전보다 여유가 생겼습니다. 더구나 고등부 아이들을 섬기면서 아들을 이해하는 폭이 넓어져 이번에는 좀 낫지 않겠느냐고 웃으셨습니다.

문제아는 문제 부모를 위해 수고할 뿐이다

심 집사님은 세상적으로 갖춘 남편을 만나 유학을 떠났지만 귀국 후 율법과 전통에 매인 시댁에서 살게 되면서 지옥을 경험했습니다. 날마다 시집살이에서 벗어날 궁리만 하다가 속에 쌓이는 화를 어린 딸에게 쏟아 냈습니다. 엄마의 분노를 무방비 상태로 받아 내던 딸은 식이장애가 생겨 고등학교 때는 담배와 술로, 대학에 간 후에는 등에 문신까지 새기며 온몸으로 반항하고 자신을 학대했습니다. 집사님은 살기 위해 말씀을 붙잡기 시작했고, 이 모두가 자기 삶의 결론임을 깨닫게 되었습니다. 그러나 말씀을 들으면서도 되었다 함이 없어 아들의 수고가 뒤따라야 했습니다.

귀국 후 한국말이 서툴러 친구도 없이 놀림을 받는 아들의 외로움과 어려움에는 아랑곳하지 않고 아들을 지방에서 서울로 전학까지 시키면서 외고 입시학원으로 내몰았습니다. 순종적이던 아들은 부모가 시키는 대로 1년 365일을 20kg이 넘는 책가방을 메고 학교와 학원을 다니며 열심히 공부했지만 원하던 고등학교에 들어가지 못했고, 이로 인해 마음의 깊은 상처와 열등감을 가지게 되었습니다. 아들은 자신의 실패가 부모의 책임이라며 여러 번 분을 뿜었는데, 심 집사님 부부는 아들의 마음을 체휼하기보다는 "우리가 안 해 준 것이 무엇이냐"며 오히려 아들을 책망했습니다. 부모의 입장을 정당화하기에 급급했던 것입니다.

그러다 결국 아들이 폭발했습니다. 심 집사님의 간증입니다.

어느 날 아들은 무거운 가방을 메고 지하철을 두 번씩 갈아타면서 학원에 다니는 것이 얼마나 힘든지 엄마도 알아야 한다며 자신의 가방을 제게 메라고 했습니다. 허리가 아프고 다리가 저렸으나 아들의 울분이 무서워 가방을 내려놓으라고 할 때까지 45분을 메고 있었습니다. 조금 후 아들은 "이 모든 일의 원인은 아빠에게 있다"며 남편에게 가방을 메라고 했습니다. 차라리 집을 나가겠다던 남편은 "아들을 살리기 위해 한 번만 그렇게 해 달라"는 저의 애원에 가방을 메고 아들 앞에 섰고, 아들은 "수업이 끝나자마자 매일 학원으로 달려가야만 했던 하루하루가 얼마나 힘들고 답답했는지 아느냐? 왜 이렇게 살게 했느냐?"며 통곡했습니다. 저희 부부는 가슴이 찢어질 듯 아파서 입을 다물 수밖에 없었습니다.

외고 입학 실패 후 아들은 일류 대학에 들어가는 것이 인생의 목표가 되었고, 극심한 스트레스로 고3 시절 스무 번 넘게 실신했습니다. 교수가 되어서 일 중독에 빠졌던 무정한 엄마로 인해 공포스럽고 불안한 어린 시절을 보낸 것이 근본적인 이유라고 합니다. 수없이 쓰러지는 아들을 보며 제게 선물로 주신 생명들을, 하나는 저의 공부에 방해가 된다고, 또 하나는 입덧 때문에 너무 힘들다고, 그다음은 아들이 아니라는 이유로 낙태를 하고도 아주 오랫동안 아무렇지도 않게 살아온 죄가 생각났습니다. 그러고도 모자라 하나님의 은혜로 생명을 보존한 자녀들을 일류라는 몰렉 우상의 손에 바쳐 달달 볶아 상하도록 내버려 두고는 내가 못해 준 것이 무엇이냐며 분을 냈습니다.

그토록 힘들게 하던 딸은 지금은 세상적으로 성공해서 살고 있고, 아들 또한 자신이 원하던 명문 대학을 졸업하고 대학원에 재학 중입니다. 하지만 심 집사님은 예수님을 등지고 세상 성공을 향해 온 에너지를 쏟는 자녀들을 보는 것이 고통이라고 했습니다. 이들의 수고로 집사님은 예수님을 만났으나, 말씀으로 양육할 때를 놓친 자녀들은 하나님을 떠나 제 갈 길로 가고 만 것입니다. 간증을 마치며 심 집사님은 이런 고백을 하셨습니다.

이제 저는 돌아오지 않고 있는 제 자녀를 주께 맡기고 자녀 고난으로 힘들어하는 사람들에게 나의 자녀 고난을 약재료로 나누어 주며 예수님께 인도하는 사명을 감당하고자 합니다. 그다음은 주께서 책임져 주실 것을 믿으며 자녀가 회개하고 주께 돌아오는 기쁨을 맛볼 수 있기를 기도합니다. 제가 살아서 그 모습을 볼 수 없을지라도 죽은 후에라도 구원해 주실 것을 믿고 걸어갑니다.

이번엔 딸을 정죄하며 문제아로 여기다가 비로소 말씀을 통해 자신이 문제 부모임을 깨닫고 그동안 수고해 준 딸에게 감사하는 부모의 간증입니다.

요즘 저는 딸이 학교를 안 다니겠다고 할까 봐 하나님께 살려 달라고 부르짖고 있습니다. 그러다가도 학원도 뺑뺑이 돌리지 않은, 결코 '대치동'스럽지 않은 엄마였는데 내가 뭘 그리 잘못했느냐고 따지고 듭니다. 하나님 나라 공동체에서 무화과나무 싹 비유(눅 21:29~31) 같은 지체들의 나눔을 들었음에도 여전히 남의 고난으로만 여겼나 봅니다. 막상 딸의 사춘기 반항을 감당하자니 너무 힘이 듭니다. 방문을 닫아 버리고 말도 못 붙이게 하는, 이토록 짜증만 내는 딸을 한 번만 안아 보게 해 달라고 울며 기도합니다. 시험 치는 날까지 책 한번 펴 보지 않는 딸, 아침마다 깨우기가 두렵기만 한 딸, 스마트폰만 하는 딸을 보며 뜻밖에 그 날이 덫과 같이 임한다는 말씀(눅 21:34)을 실감했습니다. 딸의 방황은 제게 모든 것이 무너져 내리는 사건이었습니다. 개업의로 더 잘나가는 의사가 되고 싶었지만 아이들의 학업을 챙겨야 하니 각종 세미나를 다닐 수도 없었습니다. 주일에 열리는 세미나에는 더더욱 참여할 수 없으니 피해의식과 무기력으로 건강한 엄마의 삶을 보여 주지 못했습니다. 교회를 다니면서도 말씀 묵상이 깊이 안 되는 나 자신이 한심했습니다. 모든 것이 완벽하고 싶었고 잘나가고 싶었나 봅니다. 그런데 우울증과 무기력으로 자녀 양육에는 일관성이 없었고 바리새인같이 신앙생활을 했습니다. 병원에서 지질해 보이고 꼬투리 잡는 환자들을 보면 마음속으로 얼마나 정죄했는지요. 짧은 치마를 입고 화장을 짙게 한 학생들을 보면 또 얼마나 한심하게 봤는지요. 내 아이들은 그렇지 않을 거라고, 기복신앙에 젖어 자녀들을 숭배한 죄를 회개합니다.

부모에게 함부로 하는 딸을 보며 하나님 앞에서 내가 얼마나 함부로 했는지 깨닫게 되고, 딸보다 더 약속을 지키지 않는 나의 죄를 딸이 수고해 주어 더욱 절절히 깨닫게 됩니다. 날마다 큐티하다가 졸고, 생활의 염려로 깨어 있지 못하고, 방탕하게 지내고, 말씀이 어렵다고 징징대던 내 모습을 회개합니다(눅 21:34). 지금은 딸의 감정을 공감해 주려 노력하고 공동체의 조언과 기도에 힘입어 딸과 조금씩 대화를 나누고 있습니다. 수고해 주는 딸 덕분에 자녀들의 학벌에 대해서도, 집착에 대해서도, 욕심에 대해서도 조금씩 자유함을 누리고 '어떻게 저럴 수 있지?'에서 '그럴 수 있겠구나'로 가치관이 바뀌고 있습니다.

사람 자체가 정말 귀함을 알았습니다. 안 변하는 나 때문에 예수님은 피 흘려 대신 죽으셨고, 딸은 보석이 되고 있습니다. 우리 가정에 찾아와 주신 예수님, 정말 감사드립니다.

날마다 새벽에 말씀을 묵상하겠습니다. 시간을 정해서 자녀의 구원과 지체들을 위해 중보기도하겠습니다.

잘 먹이고 좋은 학교에 보낸다고 아이가 잘되는 것이 아닙니다. 어려서부터 사랑으로 키워야 합니다. 그런데 예수 그리스도의 안식이 없는 사람은 자녀를 제대로 사랑할 수 없습니다. 거룩한 가치관으로 부모가 먼저 변화되지 않으면, 아무리 열심히 자녀를 교육해도 자녀를 망치게 됩니다. 돈에 집착하는 부모는 돈으로 아이를 키우고, 잘못된 가치관을 가진 부모는 자녀에게 잘못된 훈계를 하며, 이기심과 탐심에 눈이 어두워진 부모는 자녀를 존중하지 않습니다.

어떤 청년의 부모는 크리스마스와 부활절에만 함께 교회에 가고 나머지 주일에는 아이들만 교회에 가라고 했습니다. 그러면서 부모는 규칙이나 벌을 정당화할 때만 하나님을 들이댔습니다. 비싼 사립학교와 교회가 부모의 역할을 대신해 주리라 여겼겠지만, 자녀들은 부모의 정체를 다 압니다. 부모는 아이들이 모를 거라 믿고 싶겠지만 착각일 뿐입니다.

제 남편도 생전에 아이들을 사립학교에 보냈고, 크리스마스와 부활절에만 교회에 출석했습니다. 게다가 술도 마셨습니다. 늘 자녀들이 우선이라고 했지만, 말씀에 비추어 볼 때 그것은 악이었습니다. 자녀를 최우선으로 둔다고 하는 것은, 외식시켜 주고 학원을 보내고 과외를 시키는 것이 아닙니다. 내가 믿음의 본이 되어 안식일을 지키는 모습을 보여 주어야 하는 것입니다.

부모의 상처가 문제아를 만든다

세 자녀를 둔 아버지와 재혼한 어머니 사이에서 태어난 이 집사님은 선천성 고관절 탈구라는 병을 앓고 있습니다. 장로 아버지와 권사 어머니의 가정이었지만 이복언니와의 갈등, 아버지의 외도와 혈기, 동생들의 반복적인 이혼과 재혼 등 가정환경이 매우 불안정했습니다. 이 집사님은 대학 졸업 후 외국 은행에 취직했고, 돈과 교양이 있어 보이는 고상한 남편을 만나 6개월 만에 결혼했습니다. 남편은 불신자였지만 교회에 간다는 약속을 했습니다. 강남의 한 아파트에서 신혼살림을 차린 집사님은 맞벌이 부부로서 딸과 아들을 연달아 낳고서 '행복이란 이런 거구나' 했습니다. 이제 자녀만 잘 키우면 복받은 인생이라 생각했습니다.

그러나 집사님은 주일예배는 으레 지각하고 헌금은 성의 없이 드리면서 남편과 자녀의 성공, 경제적 풍요를 위해 온 가족을 몰아갔습니다. 예배만 끝나면 백화점에 가서 쇼핑하고, 휴가와 골프를 즐기면서 자녀들이 수련회나 주일학교에서 보내는 시간은 아까워서 학원으로 내몰았습니다. 주식으로 돈을 벌게 된 남편은 회사를 그만두고 개인 사무실을 차려서 큰돈을 가져다주었고, 100대 1의 경쟁률을 뚫고 60평 아파트에 당첨되기도 했습니다. 인생 만사가 형통했습니다.

그러나 큰아이가 중학생이 되면서 지금껏 누리던 풍요가 헛된 것임을 알게 되었습니다. 아들은 거친 말과 폭력까지 서슴지 않고 게임 중독에 빠졌습니다. 딸은 반항을 시작했습니다. 자녀들의 성적은 당연히 바닥을 쳤습니다. 집사님은 컴퓨터를 야구방망이로 부수고, 딸의 머리채를 잡고 혼내면서도 입만 열면 다 너희를 위해서라고, 그게 사랑이라고 울부짖었습니다. 그러던 어느 날부터 말씀이 들리기 시작했습니다.

목사님의 "문제아는 없고 문제 부모만 있다", "고난이 축복이다", "인생의 목적은 행복이 아니라 거룩이다"라는 말씀이 들리기 시작했습니다. 그동안 저의 노력은 다 모래 위에 집을 짓는 것 같았고, 경제적 풍요가 안식이 아님이 깨달아졌습니다. 남편의 사업에도 사건이 찾아와 주식 투자 수입도 없어졌고, 집으로 사무실을 옮겨 인터넷으로 주식을 선물 거래하는 일을 했지만 생계를 위해 중국집 배달과 우유 배달도 해야 했습니다. 그럼에도 교회에서 봉사하고, 양육을 받으며 남편은 목자 직분을 받아 목장예배를 인도하기까지 했지만 오랜 세월 동안 목자를 하다 말다 하고 있습니다.

저는 남편의 부족함만 보고, 남편을 정죄하고 판단합니다. 인정받으려는 열심과 조급함 때문에 병적으로 화를 내며 남편에게서 예배의 안식을 빼앗았습니다. 그래서 돈이 없는 것보다 더 힘들고 아픈 재앙과 진노의 불을 경험해야 했습니다. 여전히 죽어지지 않는 저 때문에 수고하는 남편에게 용서를 구합니다. 자녀와 남편이 수고하지 않았다면 안식일의 참된 의미와 주님의 뜻을 깨닫지 못했을 것입니다. 재물과 시간을 마음대로 썼던 저를 하나님의 백성으로 삼아 주시고 예배의 감격과 눈물을 주시니 감사합니다.

집사님은 문제 자녀로 고난을 겪다가 그 자녀의 문제가 자신에게 있다는 것을 깨닫고 나서 수고한 자녀와 수고한 남편에게 감사하게 되었습니다. 이래서 자녀들이 속 썩이는 것이 축복입니다.

불신(不信)결혼이 문제아를 낳는다

제사장 에스라는 불신결혼을 막기 위해 자기 머리털과 수염을 마구 뜯었습니다(스 9:3). 이방 여인을 무시해서도 아니고 문자적으로 민족적 혈통을 지키기 위해서도 아닙니다. 그는 불신결혼을 '믿음과 불신의 문제'로 보았기에 유대 지도자들이 이방인과 통혼한 것을 매우 심각한 일로 받아들였습니다.

그렇다면 교회만 다니면 불신결혼이 아닙니까? 그렇지 않습니다. 개인의 신앙고백이 있어야 합니다. 하나님보다 세상을 사랑하고 돈을 사랑하는 나의 이방 가치관을 쫓아 버리는 신앙고백이 있어야 합니다. 안 믿는 사람은 공부가 우상이고, 명예가 우상이고, 외모가 우상이고, 학력이 우상입니다. 그러나 신앙을 고백하는 우리는 하나님이 이 모든 것에 우선합니다.

믿음의 조상 아브라함이 죽기 전에 마지막으로 한 사역도 바로 신결혼 사역이었습니다. 아브라함은 아들 이삭의 배필을 구하기 위해 종인 엘리에셀에게 "가나안 족속의 딸 중에서 내 아들을 위하여 아내를 택하지 말고 내 고향 내 족속에게로 가서 내 아들 이삭을 위하여 아내를 택하라"고 당부했습니다(창 24:3~4).

　　세상이 바뀌었다고 해도 자녀의 결혼에서 부모의 역할은 절대적입니다. "아유, 지들끼리 좋으면 됐지 뭐" 하면서 결혼을 오로지 자녀의 선택에만 맡기면 안 됩니다. 부모는 자녀가 믿음의 결정을 하도록 도와주어야 합니다. 또한 자녀가 믿음의 결혼을 소원하도록 삶으로 보여 주어야 합니다. 주변을 보면 믿는 자들끼리 결혼했어도 교회를 형식적으로 다니는 부부가 너무나 많습니다. 이들은 삶을 통해 믿음의 본을 보여 줄 수 없는 부모들입니다.

> 그들의 자녀가 아스돗 방언을 절반쯤은 하여도 유다 방언은 못하니
> 그 하는 말이 각 족속의 방언이므로_느 13:24

　　아스돗 방언이란 블레셋 말입니다. 그런데 유다 말을 못하는 게 왜 심각한 문제였을까요? 유다 말이 하나님의 말씀을 듣는 통로인데, 그것을 못하니까 예배를 드릴 수도, 성경을 읽을 수도 없기 때문입니다. 엄마가 블레셋 방언을 하고 유모와 여종이 모두 블레셋 말을 하니까 아이들이 유다 말을 절반쯤 하다가 결국엔 다 못하게 된 것입니다. 부모가 불신결혼한 결론입니다.

　　유대 사회는 자녀가 엄마와 많은 시간을 함께 보내기 때문에 아내가 중요하고 엄마가 중요합니다. 유대인은 엄마가 유대인이면 유대인으로 치고, 아버지가 유대인이면 유대인으로 치지 않는다고 합니다.

이스라엘 백성들이 이방신을 섬기고 하나님을 떠나므로 포로로 잡혀가는 등 여러 징계를 받았음에도 돌아와서도 여전히 이방 문화에 젖어서 이방 사람들과 결혼했습니다. 이스라엘의 정체성이 무너지고 국가가 사라질 수 있는 심각한 상황에 처한 것입니다.

이렇듯 몇 대째 믿음을 지켜 오다가 안 믿는 여자가 집에 들어오면 온 가족의 믿음이 사라질 수 있습니다.

> 26 또 이르기를 옛적에 이스라엘 왕 솔로몬이 이 일로 범죄하지 아니하였느냐 그는 많은 나라 중에 비길 왕이 없이 하나님의 사랑을 입은 자라 하나님이 그를 왕으로 삼아 온 이스라엘을 다스리게 하셨으나 이방 여인이 그를 범죄하게 하였나니 27 너희가 이방 여인을 아내로 맞아 이 모든 큰 악을 행하여 우리 하나님께 범죄하는 것을 우리가 어찌 용납하겠느냐_느 13:26~27

느헤미야가 가장 처참한 불신결혼의 예로 솔로몬의 이야기를 합니다. 솔로몬은 지혜의 왕으로 누구도 그 지혜를 따를 자가 없었습니다. 다윗과 밧세바의 불륜으로 손가락질받으며 태어났어도 다윗의 왕위를 계승하며 하나님의 한량없는 은혜를 맛본 사람입니다. 삼천 개의 금언을 짓고, 성전을 완성하고, 일천번제를 드린 솔로몬이 하나님을 배반하리라고 누가 생각이나 했겠습니까? 그런데 솔로몬은 이방 여인, 불신 여인을 취한 뒤 하나님을 배반했습니다. 이방 여인이 그를 범죄하게 한 것입니다. 그들은 얼굴도 예쁘고 세상 학문에서 최고의 학벌을 자랑하던 각국의 공주들이었습니다.

열왕기상 10장을 보면 하나님께서 솔로몬에게 말로 다 할 수 없는 지혜와 돈과 능력을 주시고 강국을 이루도록 하셨습니다. 솔로몬도 하나님의 은혜에 보답하고자 십일조 신앙, 안식일 신앙의 성전을 짓고 열심히 예배를 드렸습니다. 그런데 솔로몬이 이방 여인과 결혼하더니 여호와 하나님을 떠나 범죄했습니다. 심지어 예루살렘에 이방신을 위한 산당까지 지어서 여자들에게 바쳤습니다(왕상 11:7~8).

그런 솔로몬이 잠언을 써서 "지혜로운 아들은 아비의 훈계를 들으나 거만한 자는 꾸지람을 즐겨 듣지 아니하느니라"(잠 13:1)면서 아들 르호보암을 가르치려 했습니다. 그러나 정작 르호보암이 아버지 솔로몬에게서 배운 것은 천 명의 여인을 거느리느라 하나님을 배반한 삶이었습니다.

그런 아버지에게서 어떻게 문제아가 안 나오겠습니까? 어떻게 르호보암에게 선한 것을 기대할 수 있겠습니까? 생각해 보십시오. 천 명의 여자와 하루도 안 빠지고 잔다고 해도 여자 한 명이 솔로몬을 만나려면 3년은 기다려야 차례가 돌아옵니다. 그러니 그녀들은 외로움이 한이 되어 자기가 섬기던 밀곰 신, 아스다롯 신을 찾지 않을 수 없었을 것입니다(왕상 11:5). 찾기만 했겠습니까? 예루살렘과 이스라엘을 저주했을 것입니다.

아버지가 은쟁반에 옥구슬 같은 기가 막힌 말을 했어도 자녀는 부모의 말이 아니라 삶을 배우게 마련입니다. 르호보암은 결국 나라를 지키지 못하고, 열 지파를 잃어버렸고 유다 백성은 먼 훗날 바벨론

포로로 끌려가게 됩니다. 이 모든 일의 출발점이 바로 아버지 솔로몬이었습니다. 불신결혼은 죄를 낳고 죄는 문제아를 낳는다는 것을 알아야 합니다.

문제 엄마라서 미안해

자신을 '문제 엄마'로 소개한 조 집사님은 어린 시절 엄마를 생각하면 소리 지르는 모습부터 떠오른다고 합니다. 감정 기복이 심했던 엄마는 그날의 기분에 따라 야단을 치거나 매를 드셨는데, 아마도 분노조절 장애가 있었던 것 같습니다. 조 집사님은 그런 엄마가 너무 싫었지만, 나중에 결혼해서 자녀를 양육하며 자기도 모르게 엄마의 모습을 답습하게 되었습니다. 특히 큰아들은 어릴 때부터 밤낮없이 울고 보채서 어르고 달래다가도 화를 퍼부은 적이 많았고, 편식이 심해 잘 먹지 않으면 짜증을 내기도 했습니다. 큰아들을 키우는 게 힘들었던 집사님은 둘째의 성격이 순하기를 기대했지만, 둘째 또한 아토피가 심해 한시도 눈을 뗄 수가 없었습니다. 조 집사님의 간증입니다.

비교적 어린 나이에 결혼하여 육아에 지친 저는 극심한 산후우울증에 빠졌습니다. 가족의 도움이 절실했지만 저보다 더 힘들어하는 남편을 보며 불안감만 높아졌습니다. 결국 저는 잠도 못 자고, 자살 충동까지 느끼며 아이들과 함께 있지 못하는 상태가 되었습니다. 이런 저의 상황을 인지하지 못하는 남편이 내 편이 아닌 것 같았고, 또다시 혼자 힘으로 이 지옥을 빠져나가야 한다는 것이 그저 두렵기만 했습니다. 그러던 중 아토피에 좋다는 자연식을 소개받았습니다. 자연식을 먹고 둘째 아들의 아토피가 완화되자 그것이 우상이 되어 어린 아들을 두고 다단계로 자연식을 판매하는 일을 시작하게 되었습니다. 하나님을 몰랐기에 산후우울증을 핑계로 도피처 삼았던 그 일이 얼마나 잘못된 것인지도 모른 채 앞만 보고 달려갔습니다. 하지만 남편의 외도를 계기로 공동체로 인도받아 말씀을 보면서, 엄마의 때를 지키지 못하고 자녀들과 함께해 주지 못한 부정한 나를 정결하고 거룩하게 하려고 우리 아이들이 피를 흘렸음을 깨달았습니다. 그리고 하나님 앞에서 통곡하며 회개했습니다. 하나님이 첫 언약으로 주신 자녀들인 줄도 모른 채 그 아이들을 죽이고, 그 죄책감으로 지옥을 산 저를 하나님이 속량하시려고 고난을 주셨음을 알았습니다.

고등학생인 큰아들은 게임에 중독되어 학교도 안 가고, 자기 방에 틀어박혀 폐인처럼 살고 있습니다. 작년 말엔 학교에서 "진급할 수 없으니 자퇴하라"는 통지를 받았습니다. 하지만 "유언은 그 사람이 죽은 후에야 유효한즉 유언한 자가 살아 있는 동안에는 효력이 없느니라"(히 9:17)는 말씀에 큰 위로를 받습니다. 아들의 삶이 당장은 변하지 않을지라도 하나님이 저와 저희 가정에 새 언약을 주셨기에 보이지 않는 것을 증거하는 인생을 살라고 하시는 것 같습니다.

조 집사님은 자신 안의 분노와 정죄감으로 아들과 싸우던 인생에서, 아들의 죄가 아닌 내 죄를 보는 인생이 되어 가고 있습니다. 무엇보다 자신이 '문제 엄마'임을 인정하게 된 것이 중요한 변화입니다. 조 집사님 역시 문제 부모 아래에서 자라 제대로 양육받지 못했습니다. 그럼에도 하나님을 만난 후 하나님이 주신 새 언약을 바라보게 되었고, 자녀로 인한 고난 중에도 기뻐할 수 있는 인생이 되었습니다.

이렇듯 하나님은 그분을 존중히 여기는 자를 존중히 여기십니다. 그런데 우리는 하나님을 위해서 살면 결혼도 못 하고 자녀 사랑도 못 할까 봐 '감히' 그런 고백을 못 합니다. 내가 하나님을 존중히 여기는 만큼 하나님도 나를 존중히 여기시고 귀히 여기실 텐데, 그 믿음이 없어서 자꾸 하나님 자리에 자녀를, 배우자를, 돈을 놓는 것입니다.

좋은 아버지는

하나님을 가장 귀하게 여기는 아버지입니다.

비싼 옷, 좋은 것은 못 사 줘도,

남겨 줄 유산이 없어도

예수 그리스도를 믿는 믿음을 물려주는 부모가

최고의 부모입니다.

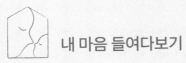
내 마음 들여다보기

Q. 부모가 원치 않는 일을 강요할 때 때로는 반항도 하는 아이가 건강한
자녀임을 인정합니까? 진정 내 자녀가 구원받고 믿음이 성장하기를
원한다면 먼저 나 자신의 죄를 깨달아야 한다는 것을 인정합니까? 자
식 앞에서 나의 연약함을 시인하며 애통해하는 모습을 보여 주고 있
습니까? 나도 지키지 못하는 신앙의 기준을 휘두르며 자녀를 정죄해
그들로 하여금 하나님과 멀어지게 하고 있지는 않습니까?

_____

_____

_____

Q. 자녀를 통해 내가 바라는 육적인 복은 무엇입니까? 좋은 부모로 멋진
가정을 이루어 보겠다고 열심을 냈으면서도, 자녀를 울상 짓게 한 부
모가 바로 나라는 것을 인정합니까?

_____

_____

_____

_____

_____

Q. 자녀의 허점을 용납하지 않고, 자기 소견에 옳은 대로 확신에 차서 자녀를 성공의 길로만 몰아가지는 않습니까? 부모의 때를 잘 지키고 있습니까? 그렇지 못하다면 그 이유는 무엇입니까? 자녀교육을 위해 내가 통곡하며 회개해야 할 것은 무엇입니까?

_____

_____

_____

_____

_____

Q. 문제 자녀의 방황이 내가 불신결혼한 결론임을 깨닫습니까? 말로는 믿음을 강조하면서 세상의 가치관을 온몸으로 보여 주며 자녀의 불신결혼을 조장하고 있지는 않습니까?

_____

_____

_____

_____

_____

제가 스물한 살에 만난 남편은 3남 2녀 중 막내아들로 가난하지만 화목한 가정에서 자랐습니다. 아버지가 일찍 돌아가시고 가족의 돌봄을 받지 못한 제게 시댁은 예수 믿는 친정보다 더 많은 사랑을 줄 수 있을 것 같았습니다. 혼전임신을 하게 되어 두려운 마음에 낙태를 생각하는 제게 남편은 무릎을 꿇고 "아이를 낳기만 해 줘"라고 했고, 시어머니는 "이 아이는 꼭 낳아야 한다"며 조용히 제 손을 잡으셨습니다. 저의 혼전임신이 수치스럽다는 가족보다 따뜻하게 품어 주는 시댁 식구들이 좋아 불신결혼을 하였습니다. 그러나 아이를 낳고 보니 방 한 칸 얻을 돈이 없는 무능한 남편과 폭력적인 시아버지, 결혼하지 않은 시누이와 망해서 돌아온 큰시누 가족까지 모든 상황이 막막하기만 했습니다.

더구나 젊은 나이에 많은 것을 포기하고 아이만을 위해 살아야 하는 것이 억울했습니다. 그러던 중 남편은 둘째를 임신한 제게 "단 한 번도 당신을 사랑한 적이 없다"고 말했고, 저는 '이런 남편과는 이혼만이 살길'이라 믿으며 나를 사랑해 줄 다른 사람이 있을 것이라 확신했습니다. 그렇게 20대에 이혼한 저는 마음대로 남자를 만났습니다. 적성에 맞는 직업도 찾게 되어 화려한 돌싱의 삶을 누렸습니다. 하지만 혼자가 된 어둠의 시간은 늘 공허했습니다.

그러다가 한 교회 공동체에 인도함을 받게 되었는데, 그곳은 유월절 후 무교절을 지키려고 모인 매우 큰 모임 같았습니다(대하 30:13). 목장 지체들은 제가 그동안 끊지 못했던 술과 음란의 우상들을 제거하도록 도와주고, 저를 위해 유월절 양이 되어 희생하신 예수님을 붙잡도록 인도해 주었습니다(대하 30:14~15). 또한 모든 공예배를 드리고 말씀을 묵상하며 가자 하나님께서 가정이 합쳐지는 은혜도 허락해 주셨습니다. 하지만 재결합한 가정의 현실은 처참했습니다. 남편은 깊은 불신으로 저의 일거수일투족을 감시했고, 저와 아이들은 남편의 주사와 폭력에 피 흘리는 전쟁을 치러야 했습니다. 사춘기 아들도 술을 마시고 음란에 빠져 방황했고, 어린 딸은 깊은 우울에 빠졌습니다.

그럼에도 살고자 말씀을 보고 공동체에 저희 가정의 성결하지 못함을 고하다 보니(대하 30:17), 아내와 엄마의 때에 순종하지 않은 저의 죄를 깨닫게 되었습니다. 술과 폭력을 끊지 못해도 목장 모임에 참석하던 남편은 지체들의 간절한 기도와 사랑으로 조금씩 변했습니다(대하 30:18~20). 저 역시 불신결혼의 죄, 이혼으로 가족을 버린 잘못은 쉽게 용서받을 수 없음을 깨달으며, 예배와 말씀을 더욱 간절히 붙잡고 있습니다. 이렇게 모든 예배를 크게 즐거워하며 지킴으로(대하 30:21) 깨어진 가정이 회복되는 큰 기쁨을 누리게 해 주신 하나님을 찬양합니다.

Chapter 3

자녀 문제는
비교에서 시작됩니다

『섬기는 부모가 자녀를 큰 사람으로 키운다』의 저자 전혜성 박사는 여섯 남매를 모두 하버드대학과 예일대학 등 미국 명문대에 보내고 두 아들을 미국 국무부 차관보로 키워 냈습니다. 한 가족이 모두 합쳐 11개의 박사학위를 취득했고, 손자들도 예외가 아니어서 모두 미국 명문 대학에 진학했습니다. 전혜성 박사는 다른 사람을 섬김으로 자녀들이 이렇게 잘 컸다고 간증하지만, 그녀의 자녀들 가운데서 이상한 자녀가 하나라도 있다면 우리에게 참 위로가 될 텐데, 그렇지 않으니 부러우면서도 비교가 되어 서글픈 마음이 듭니다.

그렇지만 '나는 왜 저렇게 안 되나' 하며 비교하지 마십시오. 성경에는 아름답고 행복한 사람들이 믿음의 조상이 된 것이 아니라 다윗이나 사라 같은 사연 많은 사람이 믿음의 조상이 되었습니다. '안된다'고, '못산다'고 열등감 갖지 마십시오. 그것이 문제가 아닙니다. 문제는 힌놈의 아들 골짜기에서 자녀를 불사르며 '공부! 공부!' 해서 결국 맨 마지막 살육의 골짜기에서 '너 죽고 나 죽고' 하는 것입니다. 그런 아이들이 무슨 효도를 하겠습니까.

거듭 말하지만 누구 때문에 자녀가 문제아가 됩니까? 문제 부모 때문입니다. 그러므로 내가 문제 부모인 것을 겸손하게 인정하십시오. 이제부터라도 자녀들을 '비교라는 살육의 골짜기'에 집어넣고 달달 볶지 않겠다고 결심해야 합니다. 지금이라도 늦지 않았습니다. 우리는 그저 나에게 주신 사명을 잘 감당하면 되는 것입니다.

편애의 시작과 끝

오래전 다섯 형제 중 막내로 자란 한 인기 개그우먼이 청소년들의 고민을 나누는 프로그램에 출연해서 "언니 중 하나가 공부를 아주 잘해서 의사까지 되는 바람에 나머지 형제들은 모두 환자가 되어 버렸다"고 말했습니다. 그 부모가 뛰어난 한 명의 자녀와 다른 자녀들을 비교함으로써 결국 다른 자녀들을 '환자'로 만든 것입니다.

부모가 어린 동생만 편애한다는 이유로 집에 불을 질러 부모를 숨지게 한 20대가 구속된 사건도 있었습니다. 어머니가 20여 년 전에 이 아들을 데리고 재혼해서 둘째 아들을 낳았는데, 의붓아버지와 어머니는 공부 잘하는 동생만 편애했다고 합니다. 말로는 집을 팔아서라도 가게를 내주겠다고 했지만 4년 동안 식당에서 일해서 번 돈 천만 원을 열세 살 동생의 학원비로 다 썼다는 말을 듣고 분개해서 이런 엄청난 일을 저지른 것입니다.

이것이 타락한 인간의 역사입니다. 야곱과 에서의 분쟁처럼, 친형제 간에도 이렇게 서로 물고 뜯는 분쟁이 있습니다. 야곱이 도망갔으니 망정이지 에서도 야곱을 죽이려고 했습니다. 그러나 이렇게 형제가 콩가루같이 싸워도 장자인 에서가 아니라 차자 야곱이 약속의 자녀가 된 것은 하나님의 섭리였습니다. 잘잘못을 가릴 수 있는 문제가 아닙니다.

멋진 이스마엘이 약속의 자녀가 아니고, 비리비리한 아들 이삭이 약속의 자녀였습니다. 이처럼 하나님의 택하심은 언뜻 이해할 수 없습니다. 우리에겐 큰 자가 큰 자고, 작은 자가 작은 자이기 때문입니다. 돈이 있는 자는 있는 자고, 없는 자는 없는 자인데 이것이 거꾸로 되는 것을 어떻게 이해하겠습니까? 결국 이것을 이해하지 못하는 데서 편애의 비극이 시작됩니다. 그래서 문제 부모가 되는 것입니다.

리브가가 임신했을 때 "큰 자가 어린 자를 섬기리라"(창 25:23)는 여호와의 말씀을 듣고 야곱이 택함을 받은 줄 알았지만, 이삭은 에서가 너무 좋았습니다. 아브라함이 이스마엘을 좋아했듯이, 이삭은 지금으로 말하면 공부 잘하고 건강하고 남자다운 에서가 너무 좋았습니다. 하나님의 주권이 아무리 야곱을 지목했어도, 나의 자유의지는 에서에게 자꾸 눈길이 가는 것입니다. 남자답고 성공적으로 살아가는 에서 같은 자녀를 싫어할 부모가 어디 있겠습니까?

이삭은 에서가 사냥한 고기를 좋아하므로 그를 사랑하고 리브가는 야곱을 사랑하였더라 _창 25:28

부모가 자녀를 행위로 판단하고, 취향에 따라 좋아하므로 편애가 시작됩니다. 부모도 자기 속으로 낳은 자녀를 이처럼 판단하고 차별하는데, 남들은 두말할 것도 없습니다. 이삭은 에서가 사냥한 고기를 좋아하므로 그를 사랑했다고 합니다. 입 속에 먹을 게 있어서 좋아했다는 것입니다. 그래서 명절날 생활비 가장 많이 주는 아들이 안 오면 나머지 식구들은 대체로 밥도 못 얻어먹습니다.

이삭은 먹을 것을 가져다주는 에서를 좋아하지만, 리브가는 야곱이 아버지로부터 멸시받으면서 눈물샘을 자극하니 밖으로 나도는 에서보다는 야곱을 끼고돕니다. 더구나 리브가는 "큰 자가 어린 자를 섬기리라" 하신 여호와의 말씀을 잊지 않았습니다. 물론 이삭도 그 말씀을 들었지만 자기의 자유의지가 앞섰고, 리브가는 하나님의 주권이 앞섰습니다. 이렇게 보면 리브가가 옳은 것 같습니다. 그러나 리브가 역시 편애했으므로 옳지 않습니다.

부모의 편애 때문에 고생했던 야곱도 자신의 열두 아들 중 라헬이 낳은 요셉을 편애했습니다. 여러 아들보다 요셉을 더 깊이 사랑했다고 성경은 말합니다.

요셉은 노년에 얻은 아들이므로 이스라엘이 여러 아들들보다 그를 더 사랑하므로 그를 위하여 채색옷을 지었더니 _창 37:3

야곱이 보기에 요셉은 예쁜 짓만 합니다. 하지만 요셉은 아버지 눈에만 예쁠 뿐 형들 눈엔 미운 동생입니다. 야곱의 사랑은 얄팍합니다. 하나님은 이유 없는 사랑을 하시는데, 야곱은 이유 있는 사랑만 합니다. 라헬을 곱고 아리따워서 사랑했듯이 요셉도 라헬을 빼다 박아서 사랑했습니다.

잘생기고, 공부 잘하고, 착하고, 형들 말 잘 듣는 자녀를 안 예뻐할 부모가 어디 있겠습니까? 그러나 이것을 자식 사랑이라고 착각하면 안 됩니다. "공부 열심히 하고 평생토록 부모님을 공경하겠습니다"하고 말하는 자식을 안 예뻐할 부모는 없습니다. "너는 왜 이렇게 효도를 하냐?"며 따지듯 묻는 부모는 없습니다. 그래서 야곱은 요셉에게 후계자를 상징하는 채색옷을 한 번만 입힌 것이 아니라 계속 입혔습니다.

그의 형들이 아버지가 형들보다 그를 더 사랑함을 보고 그를 미워하여 그에게 편안하게 말할 수 없었더라_창 37:4

라헬이 죽었는데도 여전히 라헬의 아들만 편애하니 형들이 요셉에게 편안하게 말할 수 없었다고 합니다. 이는 열 명의 형들이 요셉과는 일상적인 인사도 안 했다는 뜻입니다. 요즘 말로 왕따를 시켰습니다.

형제간에 불화가 있는 것이 자기 때문임을 알면서도 야곱은 편애하기를 끊지 못합니다. 라헬 대신 이제는 라헬의 아들을 사랑하는 아버지를 보면서 나머지 아들들은 어떤 생각을 했을까요?

'정말 구제할 길이 없는 아버지다. 이 아버지가 예수 믿으라고 하면 믿음이고 나발이고 안 믿는다. 아버지가 믿으라는 예수를 믿으니 차라리 나를 믿겠다.'

야곱은 자녀들의 입에서 이런 말이 나와도 할 말이 없는 아버지였습니다. 형들이 요셉을 미워한 것은 순전히 야곱 때문입니다.

감정 절제도 못 하고 양심의 가책도 느끼지 못하고 특정한 자식을 끼고돌며 예뻐하는 부모도, 특정한 자식을 미워하는 부모도 모두 문제 부모입니다.

열등감 연구로 유명한 심리학자 아들러(Alfred Adler)의 교육 칼럼을 읽은 적이 있습니다.

형제 서열에 따른 심리 상태를 볼 때, 첫째 아이는 동생이 태어나면 자기 자리를 동생에게 빼앗길지도 모른다는 위기감을 느껴서 부모와 동생에게 분노를 표출한다고 합니다. 그런데 둘째는 부모가 자기와 형을 똑같이 사랑한다고 여기고 셋째가 태어나도 그런 박탈감을 느끼지 않는다고 합니다. 맏이가 부모의 편애를 느끼는 것은 동생보다 2.2배나 많다고 합니다.

맏이는 '왜 나는 동생으로 못 태어났을까?' 하면서 속상해한다고 합니다. 또 부모가 동생을 야단치면서 "너 형처럼만 해 봐! 가만 안 둔다!"고 괜한 형 탓을 하거나, 자신을 야단치면서 "너는 왜 동생보다 못하냐" 하고 핀잔할 때가 가장 싫다고 합니다.

그런데 부모들에게 이런 말을 하지 말라고 하면 "남에게도 배울 것이 있는데, 남도 아닌 형제끼리 서로 보고 배우라는 말이 뭐 잘못된 것이냐?"며 그 잘못을 순순히 인정하지 않습니다. 하지만 입장을 바꿔 자녀가 "엄마도 이모처럼 예쁘면 얼마나 좋아? 그리고 좀 상냥했으면 좋겠어. 아버지는 삼촌처럼 돈 좀 잘 벌어 봐"라고 하면 듣는 부모, 열받지 않겠습니까? 형제끼리 비교하면 안 됩니다.

우리나라는 아들 편애도 매우 심각합니다. 어떤 고1 여학생은 평소 오빠가 공부를 안 하면 엄마가 자기를 습관적으로 때린다고 합니다. 오빠가 시험에 떨어졌을 때는 엄마가 자기를 때리고 침대로 밀치는 바람에 모서리에 머리를 부딪쳐 크게 다치기도 했습니다. 왜 오빠가 시험에 떨어졌는데 여동생을 때립니까? 남존여비 사상을 좇는 한 이런 이상한 문제 부모들이 계속 나올 수밖에 없습니다.

어떤 집이든지 편애의 상처가 있습니다. 비교와 시기, 질투가 난무합니다. 그러나 그 모든 것이 우리 집에 그리스도가 오시기 위한 영적 전쟁임을 깨달을 때 얽히고설킨 내 인생이 해석될 것입니다.

내 욕심을 이루려고 자녀를 끊임없이 행위로 판단하는 것이 부모입니다. 우리는 잘난 자녀는 코드가 맞아서 좋다 하고, 못난 자녀는 코드가 안 맞는다고 싫어합니다. 심지어 "너 같은 것은 태어나지 말았어야 해. 너는 우리 집안의 저주야" 하면서 폭언을 퍼붓는 부모도 있습니다. 장애라고 아이를 버리는 엘리트 부모도 있습니다. 믿음의 부모라도 예외가 아닙니다.

좋은 자녀 나쁜 자녀 없습니다. 각자 역할이 다를 뿐입니다. 그렇지만 성경은 에서처럼 좋은 자녀는 믿음의 자녀가 안 될 확률이 높다고 줄기차게 이야기하고 있습니다.

열등감의 근원

어린 시절, 공부 잘하는 오빠와 자신을 비교하는 엄마 때문에 열등감에 시달린 천 집사님의 간증입니다.

학창 시절, 활달하고 재미있었던 저는 친구들이 많았습니다. 저는 공부보다 사람에게 관심이 많았기에 가정환경이 힘든 친구들의 아픔을 함께 나누기도 했습니다. 하지만 집에 오면 공부 잘하는 오빠와 저를 자꾸만 비교하시는 엄마 때문에 열등감에 시달리면서 위축이 되었습니다. 부모님을 기쁘게 해 드리고 싶어서 아르바이트해서 모은 돈을 엄마에게 드렸고, 부모님은 이런 저를 기특해하며 제가 다달이 드리는 돈을 저축해 주셨습니다. 부모님이 인정해 주시는 것이 좋아서 저는 직장 생활을 하면서도 월급을 꼬박꼬박 부모님께 드렸습니다. 그렇다 보니 번 돈을 마음껏 쓰는 친구들이 정죄되는 한편, 엄마에게 떼를 써서라도 원하는 것을 얻는 친구들이 부러웠습니다.

저는 엄마와 불편한 관계가 되고 싶지 않아서 마음을 표현해야 하는 때를 놓치고 불만을 마음속에 쌓아 놓기만 했습니다. 그리고 결혼 후 그때 해결받지 못한 분노를 작은아들에게 쏟아부었습니다. 저는 자폐가 있는 큰아들을 위해 작은아들이 희생해 주기를 바라면서 내 뜻만 강요했습니다. 모든 것을 때를 따라 아름답게 하신 하나님의 뜻을 몰라서(전 3:11), 자녀의 때에 해결하지 못한 감정을 엄마의 때까지 가져오며 아들을 괴롭게 한 것입니다. 작은아들은 왕따당하는 자신의 처지를 숨기고 형을 배려하면서 어린 시절의 저처럼 엄마인 저를 행복하게 해 주려고 애썼습니다. 나중에야 이 사실을 알게 된 저는 하나님이 저에게 힘든 일만 허락하시는 것 같아서 원망이 되었습니다.

그러나 "하나님이 하시는 일의 시종을 사람으로 측량할 수 없게 하셨도다"(전 3:11)라는 말씀처럼, 이 고난의 때가 오히려 저희 모자에게 축복이 되었습니다. 저는 교회 공동체의 처방대로 작은아들에게 정신과 상담을 받게 하고, 그동안 혼자 힘들었을 아들의 마음을 위로해 주었습니다. 큰아들에게만 관심을 쏟았던 저의 모습을 회개하며 작은아들에게 용서를 구했습니다. 이때부터 작은아들은 어릴 적 해 보지 못한 표현을 쏟아 내며 조금씩 회복되기 시작했고, 저 또한 심리상담을 통해 어릴 적 엄마에게 표현하지 못했던 상처와 직면했습니다.

지금 저는 뒤늦게 엄마의 사랑을 깨달아 딸의 때에 하지 못한 감정 표현을 친정엄마에게 서툴게 해 보곤 합니다. 여전히 솔직하게 제 감정을 말하는 것이 힘들고 때로는 엄마의 눈치가 보이지만 하나님만 사모하게 되니 엄마의 어떤 반응에도 이제는 상처받지 않습니다. 앞으로도 제게 주어진 때를 잘 살아내고, 특히 엄마의 때에 순종하여 두 아들을 말씀으로 잘 양육하겠습니다.

천 집사님은 야곱처럼 편애의 피해자이면서도 아픈 큰아들과 작은아들을 차별했습니다. 우리는 당장 내 자녀부터 차별합니다. 장남과 차남을 차별하고, 아들과 딸을 차별하고, 잘나고 못난 것으로 차별합니다. 사위가 딸에게 잘하면 좋은 사위 얻었다고 하고, 아들이 며느리한테만 잘하면 질투가 나서 못된 며느리를 얻었다고 합니다. 내 입장으로, 내 이해타산으로 차별하고 판단하는 것이 우리의 죄성입니다.

어느 아동 상담 전문가에 따르면, 사람이 느끼는 열등감 중 가장 끔찍한 것이 내가 부모에게 전혀 중요하지 않고, 사랑받을 자격도 없는 사람이라고 느끼는 것이라고 합니다. 부모의 편애는 결국 형제간의 비교 경쟁으로 이어져서 심한 열등감의 원인이 된다고 합니다.

비록 형보다 공부도 못하고 못생겼어도 내가 부모에게 특별한 사람이라고 느끼면 자신감이 생기고, 부모의 사랑을 얻기 위해 아등바등할 필요가 없습니다. 그런데 부모가 수시로 "형 좀 봐라", "언니 좀 봐라", "형은 잘하지 않니", "네 동생 반만 해 봐라" 이런 말을 하면 열등감에 시달리며 인정받기 위해 경쟁적으로 돌변하게 됩니다. 그리고 매사에 타인의 약점을 들추는 데 골몰하게 됩니다. 그 '타인'은 성장기에는 형제였다가 나중에는 친구가 되고, 배우자가 되고, 자기 자녀가 됩니다. 끊임없이 약점을 찾아내는, 매사에 부정적인 사람이 되는 것입니다.

예를 들어, 남편이 세차를 했을 때 "차가 빤짝빤짝하네~ 무엇으로 광택을 냈어요?" 하고 격려하는 것과 "역시 당신이 우리 동네에서 세차를 제일 잘해" 하는 격려는 차원이 다릅니다. 아들이 설거지를 했을 때 "엄마를 도와줘서 고마워" 하는 것과 "내가 우리 자매들 중에서 제일 착한 아들을 얻었다니까. 이모네 아이들은 엄마를 전혀 안 도와주더라" 하는 것은 똑같이 칭찬이지만 그 결과가 전혀 다릅니다. 후자는 상대를 격려하는 듯 보이지만 비교하고 이기는 것이 중요함을 암

시하기에 도리어 열등감을 조장하고 경쟁심을 부추깁니다.

히스기야는 이스라엘의 최고 성군으로 꼽히지만 그의 아버지 아하스와 아들 므낫세는 매우 악독한 왕이었습니다. 요시야도 성군이었지만, 요시야의 아버지 아몬과 할아버지 므낫세도 그의 세 아들도 다 악한 왕들이었습니다. 가장 성군인 두 왕의 아버지와 아들이 다 악했습니다. 그러나 이 악한 왕들도 예수님의 계보에 올랐습니다. 50년, 100년, 수천 년 후에 그 '악한 계보'를 통해 예수님이 오셨습니다. 여기서 우리는 택하심의 원리를 알아야 합니다.

택하심은 옳고 그름의 문제가 아닙니다. 하나님은 그 누구도 편애하지 않으십니다. 악하고 약할수록 더 택하시고 사랑하시는 하나님인 것을 믿어야 합니다.

우리는 장자권 때문에 인생을 살아야 합니다. 영적 장자권, 곧 하늘나라 시민권을 얻기에 힘써야 합니다. 따라서 지금 당장 내 자녀가 악하고 부족하다고 해서 차별하면 안 됩니다. 그것이 장자권을 막는 일이며 그보다 더한 악이 없음을 알아야 합니다. 내 속에는 선한 것이 하나도 없습니다.

문제아를 통해 오신 예수님

만약에 우리 자녀 중에 한 명이 하버드대학에서 장학금을 받고, 국무총리를 하고, 이를 데 없이 효도를 잘한다고 가정해 봅시다. 그 자녀가 바로 '요셉'입니다. 요셉은 자기 돈으로 교회 건물을 지어 주고, 전 교인을 다 먹여 살립니다. 힘들 때마다 요셉이 나서서 척척 도와줍니다. 반면에 다른 자녀 '유다'는 하버드 출신인 훌륭한 요셉을 괴롭히고 간음까지 저질렀습니다. 그러나 이후 회개하고 예수님을 너무 잘 믿습니다. 거듭남이 확실합니다. 여러분이라면 누구를 자랑하고 싶습니까? 요셉과 유다가 내 아들 중에 있다면 누구를 교회에서 내세우고 싶습니까?

유다에게는 "제발 내 눈앞에는 나타나지 마라. 교회에서는 바쁘니까 서로 알은체하지 말고" 하면서도 요셉을 보면 "목사님 목사님, 우리 요셉이가 나라를 이끄느라 좀 바빠요? 그래도 교회에 오는 게 참 대견하지 않아요?" 온 교인을 붙들고 수선을 떨지 않겠습니까? 아무리 유다가 믿음이 좋아도 예수님은 요셉 집안에서 나와야 한다고 생각하지 않겠습니까?

그렇지만 하나님은 아브라함에게 비실비실한 이삭이 영적 후사라고 가르쳐 주셨습니다. 이삭에게는 잘난 에서가 아닌 야곱이 택자라고 가르쳐 주셨고, 야곱에게는 열두 명의 아들을 주면서 스스로 찾게 하셨습니다. 믿음이 3대쯤 되니까 고난도 많고 어려운 시험이 왔습니다. 요셉입니까, 유다입니까? 어떻게 분별할까요?

창세기 48~49장에 이르면 그 분별이 분명해집니다. 야곱이 열두 아들에게 유언할 때입니다. 야곱은 요셉이 너무 훌륭하니까 두 배의 축복을 주겠다고 요셉의 아들 므낫세와 에브라임을 불러 축복했습니다. 그런데 야곱이 장자인 므낫세에게 올려야 할 오른손을 에브라임에게 올리고 왼손을 므낫세에게 올렸습니다. 그러자 지금까지 착하기만 하던 요셉이 "아니에요! 맏아들은 므낫세예요. 아버지가 틀렸어요!" 하고 나섭니다(창 48:17~18). 아버지 야곱을 통해 보여 주시는 하나님의 선택을 요셉이 믿지 못한 것입니다.

그 일을 겪은 후 야곱은 "그래, 과연 유다였구나" 하면서 유다를 메시아의 조상으로 축복했습니다(창 49:8~12). 유다는 믿음의 공동체를 떠나 세상과 어울리며 불신결혼하고 며느리와 동침하는 패륜까지 저질렀지만 마침내 자신의 죄를 깨닫고 회개함으로 돌이켰습니다(창 38장). 하나님은 "내가 죄인입니다" 하는 인생을 가장 기뻐하십니다. 하나님은 "하나님이 무조건 옳으시다"고 하는 사람을 가장 기뻐하십니다.

저는 딸만 넷인 집안의 막내인데 형편상 제가 친정의 경제를 책임졌습니다. 그렇다 보니 명절에 제가 안 가면 친정 식구들이 아무도 밥을 안 먹었습니다. 제가 막내인데도 막내가 오기까지 밥을 안 먹고 기다렸습니다. 어딜 가나 물주가 제일 대접받습니다. 우리가 말로는 "영적 축복, 영적 축복" 해도 실제론 물질의 축복을 너무 좋아합니다. 야곱도 영적 자녀를 못 알아봤는데 우린들 알아보겠습니까?

저는 요셉과 유다에 관한 설교를 자주 하는 편인데, 이 이야기를 '요셉이 믿음이 없다'로 들으면 안 됩니다. 왜 요셉이 아닌 유다가 예수님의 계보에 올랐는지, 그것을 생각해 보아야 합니다. 모범생 요셉이 아닌 문제아 유다에게서 예수님이 오셨다는 것, 그 사실로 설득하시는 하나님의 선택론에 귀 기울이기를 바랍니다.

자녀는 배반당하기 위해 키운다

다윗은 아들 압살롬과 자신이 도와준 사람들에게 크게 배반당할 위기에 놓인 적이 있습니다. 다윗이 자식에게 쫓겨 도망가는 아비의 신세가 될지 그 누가 상상이라도 했겠습니까? 아들 압살롬이 다윗을 배반한 것은, 사울이 괴롭히고 그일라 사람들이 배반한 것과는 비교가 안 되는 고통이었습니다.

사울이 다윗을 괴롭힌 것은 그나마 이해가 됩니다. 그런데 자식에게 쫓기는 아버지와 그 아버지를 죽여 버리겠다고 칼을 들고 뒤쫓는 자식이라니, 참담하기 이를 데 없는 일입니다. 반역한 아들과 싸워 이긴들 웃을 수 있겠습니까. 진들 울 수 있겠습니까. 자식은 곧 나 자신이므로 이겨도 져도 참담한 싸움입니다.

그러나 다윗은 자신을 반역한 아들 압살롬 때문에 하나님의 깊은 사랑을 알게 되었기에, 사울을 용서한 것과는 또 다른 놀라운 사랑으로 압살롬을 용서했습니다. 내 죄 때문에 수고한 압살롬인데 어찌 원한을 품겠습니까? 오히려 "내 아들 압살롬아" 하고 통탄하며 부르짖습니다(삼하 18:33). 비록 원수 같을지라도 결코 원망하거나 포기하지 않는 애절한 사랑, 바로 이것이 구속사의 사랑입니다. 이런 구속사의 사랑을 우리가 알았으면 좋겠습니다.

천하의 몹쓸 압살롬보다 더한 악을 행했다 할지라도 "너는 내 아들이다"라고 부르짖으며 구원을 이루는 그날까지 살아만 있어 달라고 고백하는 부모가 되기를 기도합니다.

그런데 우리 인생의 모든 싸움은 압살롬과의 전쟁까지 가야 합니다. 자녀가 대학에 붙든지 떨어지든지 기뻐하지도 슬퍼하지도 않는 지경까지 가야 예수님의 제자가 될 수 있습니다. 자녀가 돈을 벌어서 잘살게 되어도 기뻐하지 않고, 못살게 되어도 슬퍼하지 않는 그 경지까지 가야 합니다.

자녀 고난은 누구도 핑계하거나 원망할 수 없는 내 삶의 결론이요, 나와의 싸움입니다. 자녀와의 싸움에서 "자녀 때문에 이렇게 되었다"고 탓한다면 아직 갈 길이 멀었습니다. 다윗은 압살롬에게 쫓기면서도 결코 자식 탓을 하지 않았습니다. 오직 자신과의 싸움을 했을 뿐입니다.

마지막 원수는 내 육신입니다. 내가 자녀를 통해 누리고 싶은 게 많아서 힘든 것입니다. 자녀 때문에 힘든 것이 아닙니다. 그것을 알면 어떤 부족한 자녀도 품게 되고, 감사하게 됩니다. 너무 좋은 것도, 너무 싫은 것도 없어지는 것이 믿음입니다.

품질 좋은 자녀를 바라다가 배반당한 최 집사님이 교회 홈페이지에 '합격 품질'이라는 글을 올렸습니다.

하나님께서 "사랑하는 자야"(벧후 3:1) 하고 날마다 목이 메도록 저를 불러 주시는데도 그 말씀이 허공에 뜬 메아리처럼 들리곤 합니다. 제가 아직도 품질 좋은 자녀를 원하고 있어 하나님은 너무나 하찮고 보잘것없는 자녀를 제 곁에 붙이셨습니다. 7년 전에 아들은 수능시험을 치르러 가서 첫 시간에 시험도 보지 않고 도중에 나왔습니다. '합격'이라는 품질을 기대하지 않았기에 놀랄 일도 아니었습니다. 그 후로 긴 세월이 흘렀지만 아들은 더 안 좋은 쪽으로 달려가더니 얼마 전에는 핸드폰 장물을 팔아넘기다가 불구속 상태에 이르렀습니다.

"우리 주의 오래 참으심이 구원이 될 줄로 여기라"(벧후 3:15)고 주님이 위로해 주심에 소리 없는 눈물을 머금게 됩니다. 자녀의 품질이 너무 나빠서 내놓을 수도 없고 하나님께 드린다는 것은 상상도 못 해 보았습니다. 저는 품질이 '합격'이어야, 좋은 상태가 되어야 드릴 수 있다고 생각했습니다. 외모와 성공 복음으로 품질 좋은 자녀를 취하려고 억지를 쓰다 멸망에 이르는 줄도 모르고 달려왔습니다.

정말 힘들지만 공동체가 있기에 살아갈 힘을 얻습니다. 어디에도 내놓기 어려운 부끄러운 수치이지만 점도 흠도 없게 하시는 우리 주 예수 그리스도의 은혜로 오늘 하루를 살아갑니다.

최 집사님은 교사이고 남편은 공무원이지만, 고난 중에 최고 고난인 자녀 고난을 부부가 오랫동안 겪고 있습니다. 자녀가 이렇게 속을 썩이는데도 부부는 교회에서 중직을 맡아 다른 사람들을 섬기고 있습니다. 이렇게 자녀에게 배반당하는 사건이 있어도, 다윗 옆에 요나단이 있었듯 자신들처럼 고난당하는 지체들과 함께하며 '별 인생 없다' 하고 잘 걸어가고 있습니다.

이번엔 하 집사님의 간증입니다. 하 집사님은 매일 아침이면 등교하는 아들을 꼭 껴안고 "머리끝부터 발끝까지 다치지 않게 지켜 달라"고 기도해 줍니다. 그런데 어느 날 느닷없이 아들이 경찰서에 있다는 연락이 왔습니다.

매일 아침 17층까지 올라오는 엘리베이터를 기다리며, 등교하는 아들을 꼭 껴안고 짧은 기도를 했습니다. 하루도 빠짐없이 이렇게 보듬어 주고 쓸어 주며 학교에 간 아들이 공부만 열심히 하고 있을 것으로 생각했는데, 어느 날 갑자기 경찰서에서 연락이 왔습니다. 아들이 친구와 함께 중국집 오토바이를 몰래 타다가 걸려서 경찰서에 잡혀 있다는 것이었습니다.

경찰서에서 만난 아들은 잔뜩 겁에 질려 있었습니다. 아들 친구는 그의 아버지가 다짜고짜 발로 걷어차고 뺨을 때려 입술이 터져서 피가 나고 있었습니다. 저 역시 화가 치밀었지만, 일단 이렇게 말했습니다.

"학교에 있지 않고 어쩌다 여기 와 있어?"

저는 아침에 안아 주듯이 아들을 다시 한번 껴안고 "괜찮아, 괜찮아" 하며 등을 다독여 준 뒤 아들과 친구를 끌어안고 하나님께 기도하자고 했습니다.

"하나님, 제가 죄인입니다. 문제 부모입니다. 그래서 우리 아들이 저를 대신해서 수고하고 있습니다. 부족한 저의 회개를 받아 주셔서 이 사건이 선히 해결되게 하여 주시옵소서."

경찰관들은 기도해 주는 아버지를 보니 아이들도 착해 보인다면서도 법에 따라 절차를 밟게 했습니다. 사건을 마무리하고 돌아오는 길에 아들은 "아빠, 아까 왜 저를 때리지 않았어요?" 하고 물었습니다.

"이렇게 예쁜 아들 어딜 때려 줄까? 너는 아빠의 아들이기에 앞서 예수 안에서 하나님의 아들이 되었으니 너도 믿음 안에서 어른이 되거든 아이들을 사랑으로 자라게 하라"고 말해 주었습니다. 저 또한 아들이 예배를 사모하도록 기도하고, 믿지 않는 형제들을 전도하겠습니다.

바로 이것입니다. 믿음이란 옳고 그름을 떠나 그 사람의 구원에만 관심을 가지는 것입니다. 하 집사님은 아들의 잘못을 탓하는 대신 먼저 자신의 문제를 보았습니다. 오직 아들의 구원에만 관심이 있었기에 이런 사랑이 가능했습니다. 다윗의 부하들에게 압살롬은 그저 왕을 반역한 죽일 놈이었지만, 다윗은 끝까지 그 아들을 애타게 기다리지 않았습니까.

이 아버지는 경찰서에 가서 그렇게 아들을 위해 기도해 주면서 승리했습니다. 그러면 그 아들이 감동해서 변할 것 같지 않습니까? "아버지는 역시 대단한 믿음의 소유자"라고 칭찬해야 하지 않겠습니까? 그런데 우리에게 되었다 함이 뭐가 있겠습니까.

자녀를 잘 기다려 주는 것이 부모의 역할이라는 사실을 몇 달 후 하 집사님의 간증을 통해서 확인할 수 있었습니다. 제목이 '아빠는 괴수야'입니다.

주일 아침, 교회에 가야 하는데 아들은 아직도 곤히 자고 있었습니다. 저는 아들을 가차 없이 깨우기 위해 이불을 걷어치우면서 큰소리로 말했습니다.

"오늘 또 예배 늦겠다. 너 때문에 아빠는 항상 지각이야."

그런데 아들이 지지 않고 소리쳤습니다.

"주일만 되면 아빠는 괴수 같아!"

저는 너무 놀라 "이 자식이! 너 지금 뭐라고 했어?" 하고 더 큰소리로 주일 아침을 시작했습니다.

아들이 초등학교 3학년 여름방학 때 엄마가 가출했으니 이후로 제가 밥을 해 먹이며 학교를 보냈습니다. 제가 지은 밥이 맛있을 리 없지만 그래도 정성껏 상을 차리고 있습니다. 아들은 어느새 고등학생이 되었지만 밥을 먹으며 인상 쓰는 모습이 보통 때와 달라 보여서 제가 한 걸음 물러선 채 아들에게 물었습니다.

"막내야, 오늘 왜 그렇게 화를 심하게 냈어?"

"아빠가 평상시에는 자상하게 대하다가도 주일만 되면 괴수처럼 다그치니까 예배드릴 마음이 다 사라져. 화가 나서 예배를 드린 지가 벌써 8년째야."

그 말을 들으니 가슴이 무너졌습니다. 그렇지만 가슴을 쓸어내리며 손을 꼭 잡고 말했습니다.

"그랬구나, 아빠가 잘못했다. 네가 힘들고 아파하는 줄도 몰랐구나. 다음 주일부터는 아빠가 조용히 깨우고 기다릴게."

그렇게 집을 나서서 교회에 도착할 무렵엔 어느샌가 막내아들의 두 손이 제 팔뚝을 따뜻하게 감싸고 있었습니다.

제가 받은 은혜를 후손들에게 기업으로 물려주기 위해 제 삶으로 본을 보이고자 열심을 내었지만, 아들들은 현재의 고난을 축복으로 여기지 못하고 마지못해 예배를 드리는 것 같습니다. 그러나 언젠가는

파도 같은 고난이 와도 하나님을 부르며 괴수 같은 아빠의 믿음을 따라 예배를 사모할 날이 올 것을 믿습니다. 오늘 제게 주신 사명에 감사합니다.

하 집사님은 8년 전에 아내가 집을 나간 후, 직장 생활과 살림을 병행하면서 아들 셋을 키우고 있습니다. 이렇게 힘들게 섬기는데도 아이들이 달라지지 않습니다. 아들 때문에 경찰서에도 가고, 주일에 예배 한 번 데려오는 게 너무 힘듭니다. 하지만 부모가 이 아이들을 위해 해 줄 것이 뭐가 있겠습니까?

어떤 분은 아들이 명문대에 진학해서 고생이 끝났는가 했더니 '아들이 또 무엇을 요구할까?' 싶어서 눈 마주치기조차 너무 힘들다고 합니다. 그 아들이 우상이라서 우상을 깨뜨리는 일이 끝이 없다고 합니다. 주님을 믿으며 헌신자의 삶을 살아가고 있는데도 불구하고 이런 아들이 있다면 우리는 어떻게 할 것 같습니까? 죽여야 할까요, 살려야 할까요?

집집마다 기가 막힌 압살롬 같은 자녀가 있을 것입니다. 그렇다면 그 압살롬을 위해서 무엇을 어떻게 하겠습니까?

우리가 할 수 있는 것은 아무것도 없습니다. 정말 기도밖에 할 게 없고, 옆에서 지켜볼 도리밖에 없습니다. 그렇지만 눈물의 기도는 땅에 떨어지지 않는다고 했기에 우리는 끝까지 응답될 것을 믿고 가야 할 것입니다.

자녀는 나 자신이기 때문에 나와의 싸움에서 이기게 해 달라고,

이제 이타적인 사랑으로 사명을 위해 살아가게 해 달라고, 내 자녀만 쳐다보지 않게 하시고 사명을 위해 나아가게 해 달라고 기도해야 합니다.

자녀 고난은
누구도 핑계하거나 원망할 수 없는
내 삶의 결론이요, 나와의 싸움입니다.
자녀와의 싸움에서
"자녀 때문에 이렇게 되었다"고 탓한다면
아직 갈 길이 멀었습니다.
다윗은 압살롬에게 쫓기면서도
결코 자식 탓을 하지 않았습니다.
오직 자신과의 싸움을 했을 뿐입니다.

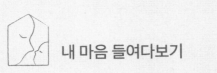

내 마음 들여다보기

Q. 나는 어떤 열등감에 사로잡혀 있습니까? 나는 내 자녀를 어떻게 차별
하고 있습니까? 특정한 자녀를 편애하고, 특정한 자녀를 미워하고 있
지는 않습니까? 그렇게 차별하고 판단하는 것이 우리의 죄성 때문인
것을 인정합니까?

_____

_____

_____

_____

Q. 우리 인생의 모든 싸움은 압살롬과의 전쟁까지 가야 한다는 것을 아
십니까? 자녀가 대학에 붙어서 기쁩니까? 떨어져서 슬픕니까? 붙든
떨어지든 기뻐하지도 슬퍼하지도 않는 지경까지 가야 예수님의 제자
가 된다는 것이 인정됩니까?

_____

_____

_____

_____

_____

Q. 압살롬 같은 자녀가 있습니까? 압살롬 같은 그 자녀를 위해 오늘 내가 적용해야 할 것이 무엇입니까? 기도밖에는 할 수 있는 것이 없음을 알고 끈질기게 기도합니까? 눈물의 기도는 땅에 떨어지지 않음을 믿고, 자녀교육을 위해 끝까지 기도하고 있습니까?

_____

_____

_____

_____

Q. 자녀가 바로 나 자신이라는 것에 동의합니까? 그래서 자녀교육을 위해서는 나와의 싸움에서 이겨야 한다는 것을 인정합니까? 내 자녀만 쳐다보지 않고, 이타적인 사랑으로 사명을 위해서 나아가게 해 달라고 기도하고 있습니까?

_____

_____

_____

_____

_____

제가 10살쯤일 때 부모님이 이혼하신다는 이야기를 들었습니다. 이후 저는 조부모님과 함께 지내다가 14살 때 어머니와 다시 잘 지내 보자는 아버지의 회유에 중국으로 갔습니다. 그러나 3년 뒤 재결합한 가정이 또 깨지면서 어머니는 한국으로 돌아가셨습니다. 그 모습을 보며 사랑과 결혼에 대한 기대가 사라졌고, 강한 사람이 되어 목표하는 바를 이루기 위해 늘 열심을 내며 살았습니다. 그러나 내면에는 엄마, 아빠가 온전히 있는 가정이 너무 부러웠습니다.

9년 전, 저를 키워 주시고 제게 하나님을 알려 주신 할머니가 소천하셔서 상실감과 죄책감으로 힘들었습니다. 하지만 교회 공동체의 도움으로 이 사건을 구원의 사건으로 해석할 수 있었고 소원해진 아버지와 관계가 회복되는 은혜도 누렸습니다.

그러나 아무런 설명 없이 제주로 가신 어머니와는 5년 동안 연락을 끊고 지냈습니다. 당시 저는 교회에서 양육을 받고 있었는데, '진정한 용서의 때엔 화가 나지 않으니 때를 기다리라'는 권면을 받았습니다. 이후 아버지와 함께 어머니를 만나 제가 먼저 사과하는 적용을 했습니다. 그리고 어머니에게 구속사의 말씀을 전하고 싶어 제주에서 진행된 담임목사님의 집회에도 모시고 갔습니다. 그러나 한편으로는 누가 시키지도 않은 가장 노릇을 하며, 분리된 가족 안에서 중심을 잡는 것이 어려워 부모님이 판단되고 생색이 났습니다.

지난여름, 홀로 일하시다 열사병이 난 아버지가 연락이 안 되어 파출소에 신원 확인을 의뢰했습니다. 이 일로 너무 놀란 저는 가족들을 사랑으로 대해야겠다고 결심했습니다. 그런데 일주일도 되지 않아 아버지는 또다시 연락이 안 되었습니다. 급하게 아버지께 내려가니 이미 돌아가신 상태였습니다. 갑작스러운 일에 넋이 나갔지만 공동체의 도움으로 아버지의 마지막을 보내 드릴 수 있어 감사했습니다.

아버지는 주님을 깊이 사모했지만 교인들에게 상처받아 공동체를 떠나셨습니다. 예배에는 한 번 오셨어도 공동체에는 들어가지 않으셨는데 아버지의 구원을 위한 노력과 애통이 부족했음이 지금도 저를 부끄럽게 합니다. 영적 교만으로 부모님을 정죄한 저를 하나님이 치시는 사건(왕하 15:5)임을 인정하고 회개합니다. 교회 생활은 하지 않으셨지만 저는 아버지를 향한 하나님의 약속을 믿습니다. 무엇보다 이 사건으로 구원의 일은 지체해서는 안 된다는 것을 깨달았습니다.

겸손한 환경이 축복인데, 늘 제 환경이 비천하다며 부모님이 온전히 있는 가정을 부러워한 것이 저의 산당(왕하 15:4)이었습니다. 이제는 부모님의 사랑을 깨달아 신결혼에 대한 소망을 품게 되었습니다. 앞으로 어머니와 함께 하나님 말씀을 들으며 갈 수 있도록 기도 부탁드립니다. 건강한 말씀으로 저를 훈련시키시는 하나님, 사랑합니다.

PART 2

문제 자녀가
영적 후사로
변합니다

Chapter 4

자녀를
객관적으로 보세요

어떤 아이가 백화점에서 물건을 사고 백만 원짜리 수표를 냈습니다. 점원이 놀라서 부모에게 전화를 걸었다가 도리어 이런 말을 들었습니다.

"아니, 우리 집이 백만 원도 없어 보여요? 왜 아이 기를 죽여요!"

정말이지 문제아는 없고 문제 부모만 있습니다. 자녀가 "이거 안 사 주면 집 나갈 거야!" 하면서 협박하니까 뭐든 사 주고 유학까지 보냅니다. 그리고도 흉악하게 귀신 들린 자녀의 실체를 전혀 알지 못합니다.

마태복음 15장에 귀신 들린 딸 때문에 주님을 찾은 가나안 여인 이야기가 나옵니다. 유대인들이 가장 천하게 여기던 가나안 여인이 예수님을 향해 "소리 질러 이르되 주 다윗의 자손이여"라고 부르짖습니다.

21 예수께서 거기서 나가사 두로와 시돈 지방으로 들어가시니 22 가
나안 여자 하나가 그 지경에서 나와서 소리 질러 이르되 주 다윗의
자손이여 나를 불쌍히 여기소서 내 딸이 흉악하게 귀신 들렸나이다
하되_마 15:21~22

가나안 여인의 기도 대상은 정확히 다윗의 자손, 메시아인 예수
님이었습니다. 성경의 위대한 인물 중 모세도 아니고, 여호수아도 아
닌 '다윗의 자손'이라고 부르짖습니다. 다윗은 음란과 간음과 살인을
저질렀지만, 자신이 모태에서부터 죄악 중에 잉태됐다고 눈물로 회
개했습니다(시 51편). 그리고 하나님은 다윗에게서 메시아 예수님이 올
것이라고 예언하셨습니다.

가나안 여인은 영적인 문제를 놓고 기도했습니다. 그녀의 기도
내용은 "내 딸이 흉악하게 귀신 들렸나이다"였습니다. 딸의 성적, 외
모, 학벌을 위해 기도하지 않았습니다. 귀신 들렸다는 게 무슨 뜻입니
까? 단순히 정신이 나간 사람만을 의미하지는 않습니다.

혹자는 너무 지나친 표현이 아니냐고 말할지도 모르지만, 뭐든
지 예수 없이 잘하는 것은 귀신 들린 것입니다. 생각해 보십시오. 피아
노 잘 치는 사람더러 "귀신같이 잘 쳐" 하지 "하나님같이 잘 쳐"라고
말하지 않습니다. '수학 귀신', '주식 귀신', '게임 귀신'…… 모두 예수
가 없으니 귀신입니다. 예수 없이 잘할수록 흉악하게 귀신 들린 것입
니다. 그런 점에서 세상에는 자기 가치관으로 똘똘 뭉친 귀신 들린 사
람이 너무나 많습니다.

내 자녀가 귀신 들린 걸 알아야 한다

청소년들도 정말 문자적으로 귀신이 들렸습니다. 아이돌 가수에 미쳐서 콘서트 입장권을 사기 위해 갖은 노력을 합니다. 그런 아이들이 한둘이 아니어서 불과 몇 분 만에 몇만 장이 매진됩니다. 유명 외국 가수의 콘서트에서는 아이들이 압사 사고를 당하기도 했습니다. 성 중독, 술 중독, 담배 중독, 컴퓨터 중독에 걸린 아이들도 많습니다.

자녀가 귀신 들렸음을 객관적으로 본 사람은 돈과 명예, 학벌을 가진 사람이 아니었습니다. 이스라엘이 천히 여기는 이방인 중에서도 여자, 여자 중에서도 귀신 들린 딸을 가진 당사자였습니다. 이렇게까지 낮아진 사람은 아무것도 필요가 없습니다. 오직 영적인 소원, '예수만 믿으면 된다'는 소원을 갖게 됩니다.

이제 그들을 좌지우지하던 귀신이 용도 폐기될 수밖에 없는 상황까지 이르렀습니다. 그럼에도 불구하고 예수님 앞에 나올 때까지 얼마나 방해가 많았겠습니까? 유대인만 이방인을 무시하는 게 아니라 이방인도 유대인을 싫어하고 무시합니다. 그러니 딸이 귀신 들렸어도, 온 집안 식구가 예수님께 나아가자는데 한마음이 안 됩니다. 같이 믿어도 견해가 다 다릅니다.

가나안 여인이 예수님께 나오기까지 믿지 않는 이방인 남편과 부모가 방해했을 것입니다. 부인이 믿으면 남편이 방해하고, 부부가 믿음으로 하나 되면 시부모가 방해하는 경우를 많이 보았습니다. 저 역시 아이들 큐티를 시키려 하면 남편이 "공부나 시키지 쓸데없는 일

한다”했고, 성경캠프 보내려면 “그 시간에 영어 공부를 시키라”며 방해했습니다.

자녀가 사 달라는 대로 다 사 주면 어떻게 교육이 되겠습니까? 자녀가 예수는 모른 채 세상 성공을 향해 달려가는 모습을 바라만 보고 있을 것입니까? 그렇게 성공한 자녀가 과연 효도하겠습니까? 천만의 말씀입니다. 내 자녀가 귀신 들린 걸 알아야 합니다. 부모는 자녀의 영적인 상태를 놓고 기도해야 합니다.

어느 집사님의 아들이 중학생 때 학교에서 돌아오면 커튼을 달고 컴퓨터게임에만 빠져들었습니다. 그리고는 뒤에 앉아 있는 엄마를 향해 “엄마, 나 공부 못해서 밉지? 나 괜히 낳았지?”라는 말을 반복했습니다. 이런 아들을 바라보는 엄마의 마음이 얼마나 무너져 내렸겠습니까. 그 집사님은 아들을 위해 할 수 있는 일이 없음을 절감하고 “엄마는 네가 어떤 모습이든 너를 사랑해”, “너는 하나님이 엄마에게 보내 주신 소중한 아들이야”라는 말을 수없이 해 주며 기도했습니다.

아들에게 이 말을 반복하면서 집사님의 눈에도 뜨거운 눈물이 흐르곤 했습니다. 하나님이 집사님을 향해서도 ‘딸아, 너의 있는 모습 그대로 사랑한다’ 하시는 것 같아서 마음이 따뜻해졌기 때문입니다.

아들이 엄마의 마음을 알아준 것일까요? 지금은 이 아들이 어엿한 대학생이 되었습니다. 하나님이 이 집사님의 눈물의 기도를 들으셨다고 생각합니다.

누구의 책임인가?

자녀에게 나는 어떤 부모입니까? 객관적으로 대하며 자녀가 부족하고 아픈 것도 잘 인정하는 부모입니까? 영적 양식은 주지 않고 육적 양식만 먹이면서 '교회에 다녀도 공부 잘해야 한다, 돈이 많아야 한다'고 모순적인 태도를 보이지 않습니까? 교회 열심히 다니고 자녀교육을 잘한다고 해도 그게 전부가 아님을 알아야 합니다.

언젠가 하나님을 부정하고 엄마를 증오한다는 한 고등학생의 메일을 받았습니다. 힘들어서 위로받고 싶을 때 더 힘들게 하는 사람도, 기분이 좋아서 더 격려받고 싶을 때 기분을 망쳐 놓는 사람도 엄마라고 했습니다. 엄마는 자신을 사랑해서 기도한다고 하지만 그것도 가증스럽다고 했습니다. 학생의 마음속에는 엄마에 대한 미움과 증오로 가득 차 있었습니다. 이 엄마는 믿음이 없고 무식한 엄마가 아닙니다. 도리어 엘리트이고 신앙생활을 열심히 하는 엄마입니다.

자녀를 잘 키우는 일은 부모 마음대로, 부모 뜻대로 안 됩니다. 훌륭한 부모 밑에서 훌륭한 자녀가 나오고 악한 부모 밑에서 악한 자녀가 나오는 것도 맞겠지만, 성경을 보면 훌륭한 부모 밑에서도 악한 자녀가 많이 나옵니다. 이삭과 리브가를 봐도 야곱처럼 하나님의 축복을 받는 아들이 있는가 하면, 쌍둥이 형제 에서처럼 믿음도 없고 불신결혼을 해서 부모의 근심거리가 된 아들도 있습니다. 에서의 후손인 에돔 족속은 대대로 이스라엘의 원수가 되어 결국 하나님의 진노로 멸망했습니다(옵 1장).

성군으로 유명한 히스기야의 아들 므낫세도 예외가 아니었습니다. 히스기야는 시한부 선고를 받고 통곡의 기도를 해서 15년의 생명을 연장받았으니 얼마나 뜨거운 신앙 체험을 한 것입니까? 그런데 그 아들 므낫세는 우상숭배를 조장한 왕이었습니다. 후에 바벨론에 끌려가서 하나님 앞에 기도하며 하나님을 알게 되지만(대하 33:10~13), 아버지가 확실한 믿음으로 살아도 안 되는 자녀가 얼마든지 있을 수 있습니다.

사무엘도 온 이스라엘이 하나님의 선지자로 알 만큼 의로운 삶을 산 사람입니다(삼상 3:20). 자식들의 이름까지 요엘(여호와는 하나님이시다), 아비야(여호와는 나의 아버지)로 지었습니다. 하지만 그 자녀들은 아버지 사무엘의 행위를 따르지 않았고 사사가 되어 뇌물을 받고 판결을 바르게 하지 않았습니다(삼상 8:1~3). 어쩌면, 사무엘처럼 위대한 선지자도 자녀교육에 실패할 수가 있습니까? 이것은 아버지의 책임일까요?

엘리 아들의 경우 똑같이 악을 행했지만 '아비가 아들들을 하나님보다 더 중히 여겼기 때문'이라고 성경은 부모의 책임을 분명히 언급하고 있습니다(삼상 2:29). 하지만 사무엘의 경우 그런 언급이 없습니다. 하나님께서 사무엘을 특별히 책망하지 않으신 것을 보면 사무엘이 아들들의 문제에 책임을 다하지 않은 것은 아닌 듯싶습니다.

우리는 엘리로부터 '부모는 자녀를 바르게 키워야 한다'는 것을 배우지만, 사무엘에게서는 '인간의 힘으로는 자녀를 키울 수 없다'는 교훈을 얻게 됩니다. 부모는 자녀교육에 최선을 다해야 하지만, 부모의 힘만으로 자녀를 키울 수 있는 것이 아님을 두 사람에게서 배울 수 있습니다.

만약 두 아들까지 잘 자랐다면 사무엘이 교만해져서 스스로 하나님 자리에 앉지 않았을까요? 어렸을 때부터 사무엘은 선해서 하나님의 궤 옆에서 엘리에게 순종하고 엘리의 두 아들 홉니와 비느하스에게 순종했는데, 자녀까지 잘 자랐다면 그에게 하나님이 따로 필요했겠습니까?

우리는 훌륭한 부모에게서 훌륭한 자녀가 나오리라고 당연시합니다. 그래서 자신이 훌륭하면 자녀에게 거는 기대도 큽니다. 하지만 사무엘의 아들들은 훌륭한 아버지의 행위를 따르지 않았습니다. 자녀교육은 부모의 훌륭함으로 이루어지는 것이 아니기 때문입니다. 오직 신앙고백이 우선되어야 합니다. 하나님께서 자녀를 잠시 맡겨주신 것에 감사하면서 양육하면 되는데, 내 소유로 생각하니까 울고 불고 눈물짓고, 온갖 고난을 겪고 가는 것입니다.

흉년이 와도 하나님께 맡기라

언젠가 어바인, 밴쿠버, 빅토리아 등 미국과 캐나다 지역 교회의 집회에 말씀을 전하러 갔을 때 꽤 많은 분이 오셔서 놀란 적이 있습니다. 낮 집회에는 사람이 많이 모이기 어려운데, 남편과 떨어져 유학생 자녀를 뒷바라지하고 있는 엄마들이 특히 많이 참석했습니다.

저는 이 유학생 엄마들을 향해 자녀의 학업보다 부부 관계가 더 중요하다고 강조했습니다. 자녀가 18세가 될 때까지는 잘살든 못살든 부모가 자녀와 함께 살면서 힘든 배우자에게 순종하는 모습을 보여 주는 것이 최고의 교육이라고 했습니다.

자녀교육을 위해 기러기 부부로 희생하며 산다고 하지만, 사실 그 바탕에는 부모의 이기심이 있습니다. 돈이 없으면 생각도 못 할 텐데 돈이 있으니까 유학을 보내 놓고 "내가 너 때문에 이렇게 고생한다", "내가 누굴 위해 이렇게 희생하는 줄 아니?" 하고 계속해서 자녀에게 부담을 줍니다. 그러나 참된 교육은 부모가 먼저 하나님을 경외하는 모습을 보이는 것입니다. 삶으로 보여 준 것만 남기 때문입니다.

룻기에 나오는 엘리멜렉과 나오미도 찬송의 떡집인 유다 베들레헴을 떠나 이방 모압으로 갔습니다. 흉년이 오자, 자녀교육과 장래를 위해 외국으로 이민을 간 셈입니다.

1b ……유다 베들레헴에 한 사람이 그의 아내와 두 아들을 데리고 모압 지방에 가서 거류하였는데 2 그 사람의 이름은 엘리멜렉이요 그의 아내의 이름은 나오미요 그의 두 아들의 이름은 말론과 기룐이니 유다 베들레헴 에브랏 사람들이더라 그들이 모압 지방에 들어가서 거기 살더니_룻 1:1b~2

말론은 '병약하다'라는 뜻이고, 기룐은 '쇠약하다'라는 뜻입니다. 부모가 경건하고 멋있어도 두 아들이 병약하고 쇠약하니 흉년이 든 땅에서 키우기가 어려웠을 것입니다. 하나님을 믿고 '여호와는 나의 왕이시다'라고 부르짖지만, 자식 문제 앞에서는 장사가 없습니다. 인생에 흉년이 와 봐야 내 수준이 드러납니다. 부족함이 없을 때는 뭐든지 믿음으로 감당할 것 같아도, 흉년이 오면 믿음의 현주소가 드러납니다.

병약한 자식들을 위한다고 모압으로 피했지만, 결과적으로 두 아들 다 모압 땅에서 죽게 됩니다. 가장의 잘못된 결정 때문에 자녀가 예수와 상관없는 죽음을 맞을 수 있습니다. 유다 베들레헴은 떠나서는 안 될 곳입니다. 아무리 먹고살기가 힘들어도 믿음의 땅에 거하는 것이 나도 살고 자녀도 살리는 길입니다.

각 분야의 전문가들이 나와서 주제 토론을 하는 어느 TV 프로그램에서 '성공적인 노후를 대비하려면 ○○을(를) 포기하라'는 주제가 나왔습니다. 은퇴 설계 전문가는 "자녀를 포기하라"고 했습니다. 자녀를 내려놓는 것은 곧 믿음의 땅에 거하는 것입니다. 세상에서 성공시키겠다고 모압으로 피하지 말고 믿음의 환경에서 키우는 것이 자녀를 포기하는 것이고, 성공적인 노후 대책입니다.

어느 집사님이 하필 아이의 시험 기간에 몸이 너무 아팠다고 합니다. 제일 못하는 한 과목만 남겨 둔 상황에서 도저히 아파서 시험공부를 같이 봐 줄 수가 없었습니다. 그런데 결과는 아이가 평소보다 시험을 더 잘 봤습니다. 엄마가 못 도와주니까 스스로 열심히 해서 어려워하던 과목의 시험을 잘 마칠 수 있었던 것입니다.

내가 모압으로, 어디로 찾아다닌다고 아이가 잘되는 게 아닙니다. 자녀는 하나님께서 돌보고 키우십니다. 내가 대단히 노력하고 열심히 해서 자녀가 성공할 수 있다는 착각을 버려야 합니다.

서른을 넘긴 아들을 둔 어느 권사님 역시 그랬습니다. 권사님의 아들이 주말에 선을 보고 왔습니다. 키도 크고 예쁘고 직장도 좋고 믿음도 좋은 자매였습니다. 권사님이 바라던 며느릿감이라 아들의 반응이 궁금했지만, 아들의 화를 돋울까 봐 물어보지도 못했습니다. 사실 권사님의 아들은 자매와는 전혀 딴판이었습니다. 교회도 안 다니고, 술과 담배에 절어 살고, 무슨 말만 하면 소리를 지르는 30대 반항아에 "엄마처럼 교회 다니는 여자하고는 절대 결혼 안 한다"고 공언하는 불효막심한 아들이었습니다.

아무튼 선을 보고도 아무 말 없는 아들이 괘씸해서 잠을 못 이루다가 권사님은 상대편 자매를 생각하게 되었습니다. 그렇게 예쁘고 신앙 좋고 학벌 좋은 자매가 내 딸이라면 내 아들과 같은 불신자와 결혼한다고 했을 때 마음이 무너지지 않을까 싶었습니다. 생각이 거기에 미치자 미안한 마음이 들었습니다. '내 아들은 불신결혼 안 시킨다고 하면서 그 자매가 불신결혼하기를 바라고 있구나. 자매가 내 딸이라면 이런 아들과 결혼시키겠는가.' 하염없이 눈물이 나서 권사님은 아들에게 이렇게 말했습니다.

"믿음도 없는 너에게 믿는 여자만 만나라고 한 것은 엄마의 욕심이었어. 신앙도 조건도 너보다 나은 사람과 맺어지길 바란 엄마가 죄인이야. 내 욕심을 내려놓을 테니 너 좋은 사람을 만나서 결혼해라. 네가 안 믿는 사람과 결혼한다고 해도 너를 믿음으로 키우지 못한 엄마의 책임이야. 그래서 고통이 따른다면 거룩을 위해 감당해야 할 몫이라고 생각할게."

　누군가 예수님께 두 아들을 데리고 와서 절하며 "주의 나라에서 하나는 주의 우편에, 하나는 주의 좌편에 앉게 명하소서"(마 20:21b) 하고 간청한 세베대 아들의 어머니를 '치맛바람'의 원조라고 평가했습니다. 하나님을 믿는 우리는 적어도 세상 출세는 구해선 안 된다는 것 때문에 입만 열면 '주의 나라, 주의 보좌, 주여, 주여' 하면서 자녀가 성경 읽고, 교회에서 봉사하고, 믿음의 배우자 만나기를 기도합니다. 물론 그것도 구해야 하지만 자녀를 객관적으로 보지 못하는 내 욕심부터 깨달아야 합니다. 믿음이란 명분으로 자녀를 달달 볶는 부모 때문에 자녀가 하나님과 멀어지고 교회를 떠나는 것을 알아야 합니다.

　권사님의 말을 듣고 난 다음 날 아침, 그 아들이 소개받은 자매가 마음에 들어서 계속 만나고 있다고 권사님께 말했습니다. 그리고 그런 신실한 자매를 만난 것이 엄마의 기도 응답이라고 했습니다.

　권사님은 아들이 '기도 응답'이라는 단어를 쓴 것만으로 감사하다고 했습니다. 이제는 아들이 구원받고 스스로 믿음의 결혼하도록 기도하는 일만 남았습니다. 부모의 욕심을 내려놓을 때 그 자녀를 하나님이 책임지십니다. 내 아들딸에게 목숨 걸지 말고 다른 사람을 용납하고 섬기는 것이 자녀를 으뜸으로 키우는 고품질 고등 교육입니다.

이제는 내려놓을 때

하나님은 간절한 자식 소망을 가진 아브라함에게 나타나셔서 "아브람아, 두려워 말라. 나는 네 방패요 너의 지극히 큰 상급이다"라고 계시하셨습니다(창 15:1). 방패와 상급은 자식이 아니라 하나님임을 알리신 것입니다.

그리고 그로부터 25년 후에 아브라함에게 아들을 주셨습니다. 아브라함에게 이삭은 목숨보다 귀한 아들이요, 하나님이 주신 방패요, 상급이었습니다. 이때 하나님은 자신만이 상급임을 다시금 알려 주시려고, 아브라함에게 아들을 내놓으라고 하셨습니다. 독자 이삭을 죽이라는, 아브라함으로서는 너무나 큰 시험을 주신 것입니다.

> 2 여호와께서 이르시되 네 아들 네 사랑하는 독자 이삭을 데리고 모리아 땅으로 가서 내가 네게 일러 준 한 산 거기서 그를 번제로 드리라 3 아브라함이 아침에 일찍이 일어나 나귀에 안장을 지우고 두 종과 그의 아들 이삭을 데리고 번제에 쓸 나무를 쪼개어 가지고 떠나 하나님이 자기에게 일러 주신 곳으로 가더니 _창 22:2~3

아브라함에게는 이것이 전 생애를 통틀어 가장 어렵고 끔찍한 시험이었습니다. 그런데 하나님은 여기서 아브라함의 믿음을 시험하시려는 게 아니고, 아브라함의 믿음을 자랑하고 싶어 하십니다. 그만큼 하나님은 자신이 있으셨습니다. 그러면서 아브라함이 얼마나 자식을 사랑하는지 강조하십니다. "네 아들 네 사랑하는 독자 이삭", 즉 '너의 소유'라고 하십니다. "네가 얼마나 이삭을 사랑하는지 내가 안다. 목숨보다 더 사랑하는 것을 내가 안다"고 하신 것입니다. 그러면서 "나도 너를 목숨보다 더 사랑한다" 하시며 사랑하는 독자 아들을 내놓으라고 하십니다. 이제 저 아들 하나 예수 믿어서 나와 같이 천국에 가려고 했는데, 하나님이 그 아들을 선교사로 내놓으라는 것입니다. 오늘 당장 데려가시겠다는 것입니다.

세상에 상상하지도 못한 일이, 각본에도 없던 일이 일어났습니다. 그러나 우리 인생의 목적은 하나님을 하나님 되시도록 하는 것입니다. 하나님만이 나의 위로자이십니다. 자녀가 나의 위로자가 될 수 없습니다. 그걸 전 세계에 알려 줄 사람이 지금 아브라함밖에 없기 때문에 하나님은 아들 이삭을 내놓으라고 하시는 것입니다.

마태복음에서 하나님은 예수님을 일컬어 "이는 내 사랑하는 아들이요 내 기뻐하는 자라"(마 3:17)고 하셨고, 요한복음에서는 '독생자'라고 하셨습니다(요 3:16). 그러나 사실 이삭은 독자가 아닙니다. 아브라함에게는 이미 이스마엘이 있었고, 이삭을 낳은 뒤로 여섯 아들을 두었습니다. 그런데 이렇게 '독자'라고 계속 강조하는 것은 그가 하나밖에 없는 진정한 '영적 후사'이며, 부모가 지극히 사랑하는 아들이라는 의미입니다. 그래서 이 시험은 아브라함을 테스트하시려는 의도 외에, 갈보리 언덕에서 십자가에 못 박혀 죽으실 하나님의 독생자 예수님에 대한 예표(豫表)이기도 합니다.

"데리고 가라"는 명령이라기보다 스스로 선택하고 결정하도록 권고하는 것입니다. "원하건대 그를 데리고 번제로 드리라"는 말로 "너 자신이 스스로 명령을 실행해야 한다"는 의미입니다. "너 혼자 결정해야 한다", "네가 가야 한다"는 것입니다. 너무 힘든 영적 싸움인 것을 하나님은 아십니다. 그러나 십자가는 홀로 지고 가는 것입니다. 그래서 아브라함은 아내 사라에게도 이 일을 묻지 않았습니다. 아무리 좋은 사람이라도 십자가에 함께 달릴 수는 없기 때문입니다.

모리아는 여호와께서 친히 선별해 주신 산입니다. 장차 예루살렘 성전이 들어설, 골고다 언덕이 세워질 곳이 모리아산입니다. 내가 오늘 예수님 때문에 자녀를 번제로 드리면 그곳이 곧 성전이 됩니다. 내가 성전이 되는 것입니다. 자녀를 객관적으로 내려놓으면 여러분의 집안이 다 성전이 됩니다. '내가 네게 일러 준 한 산'이 됩니다. 그것은 아브라함이 원하는 산이 아니고, 하나님이 직접 정하신 산입니다.

'무엇을 드렸는가'도 너무나 중요하지만 '어떻게 드리느냐'도 중요합니다. 하나님은 "그를 번제로 드리라"고 하십니다. 아들을 태우는 제물로 바치라는 것입니다. 번제로 드리려면 손과 발을 자르고, 온몸의 각을 떠서 번제단 위에 놓고, 불을 붙여 바쳐야 합니다. 배를 가르고 피를 흘려서 태워 드리는, 인간의 이해와 상식을 뛰어넘는 명령을 하신 것입니다.

그런데 요즘은 우리의 자녀들이 부모의 손과 발을 자르고 각을 뜹니다. 부모를 번제로 드리려고 날마다 부모의 손과 발을 자릅니다. 그런 자녀 때문에 정말로 배를 가르는 것 같은 고통이 있습니다. 차라리 내가 죽는 게 낫다 싶지 않습니까? 내가 공부해서 시험 치는 게 차라리 낫지 않습니까?

그렇습니다. 차라리 우리더러 죽으라는 것이 더 낫습니다. 자녀를 하나님께 드리라고 하니까 너무 힘이 듭니다. 이것이 아픔이지만, 하나님의 것이니까 하나님께 드리는 것입니다. 아브라함도 후사가 없어 죽을 것만 같던 자신에게 자식을 주셨으나 하나님의 것을 하나님이 도로 가져가신다고 하니 "네" 한 것입니다. 아브라함은 하나님이 완전하신 분이라는 것을 알았습니다. 그리스도인들은 이렇듯 명령이 떨어지면 즉시 순종하고 적용해야 합니다.

아브라함은 사람에게 보이기 위해 순종한 것이 아닙니다. 사람에게 보이려고 자녀를 번제로 드리는 아버지는 없을 것입니다. "내가 목사니까, 장로니까 적어도 이 정도는 적용해야 하지 않아?" 하고 직분 때문에 하는 것도 아닙니다. 아브라함은 정말 이삭을 번제로 드리려고, 아들을 죽이려고 간 것입니다. 그러나 하나님이 책임지실 것을 믿었습니다.

저는 출애굽기의 모세를 생각하면 눈물이 앞을 가립니다. 일류 교육을 받은 모세가 40년이나 양치기로 살다가 하나님의 뜻을 따라 이스라엘 백성을 애굽에서 끌어내어 하나님의 율법을 전하는 수고를 했습니다. 그러나 출애굽기는 모세의 아들을 거의 언급하지 않습니다. 하나님이 모세의 아들을 후계자로 선택하지 않으신 것입니다.

그렇다고 아론이 잘나서, 그의 아들들이 잘나서 대제사장으로 임명한 것은 아닙니다. 하나님이 기름을 부으라고 하시니까 모세가 기름을 부었습니다(출 28:41). 아론이 누구입니까? 모세가 십계명을 받으러 간 사이 백성들의 성화에 못 이겨 금송아지를 만들고는 모세에게는 "백성들이 금을 가져와서 불에 던졌더니 송아지가 나왔다"고 변명하며 면피하려던 자입니다. 이 일로 삼천 명이 죽었지만 그는 전혀 책임을 지지 않았습니다(출 32장). 그런데도 하나님은 아론과 그의 아들들에게 제사장의 옷을 입혀 주셨습니다. 모세로선 속이 터지지 않았겠습니까?

그러나 하나님이 그러라고 하시니 모세는 묵묵히 순종합니다. 우리는 모세에게서 내 자녀가 잘되는 것이 인생의 소망이 아니고, 내 자녀 때문에 남의 자녀가 잘되는 것이 인생의 소망이고 목적이 되어야 함을 배우게 됩니다.

구약 최고의 선지자 모세의 아들은 후계자가 되지 않았습니다. 신약의 사도 바울도 자녀가 없었습니다. 내게 자녀가 꼭 있어야만 자녀의 복을 누리는 것이 아닙니다. 자녀의 복은 오직 영적 후사를 통해서만 누릴 수 있습니다. 그리고 천국에 가면 어차피 내 자녀로 만나는 것이 아닙니다. 구원받은 사람들끼리 만나는 곳이 바로 천국입니다.

이 땅에서 내 가정은 오직 구원 때문에 모인 공동체일 뿐입니다. 남의 자녀 때문에 안타까워서 눈물 흘리는 사람은 하나님이 그의 자녀도 구원시켜 주십니다. 반면에 그저 내 자녀만 잘났다고 하면 구원은커녕 고난밖에 없습니다.

구약 시대 아하스 왕은 이방 우상에게 자녀를 제물로 바쳤습니다(대하 28:3). 우상의 제물로 태워 올리는 것과 하나님의 제물로 드리는 것은 하늘과 땅 차이입니다. 내가 세상 성공을 추구하면 내 자녀도 달달 볶아서 지옥을 살게 합니다. 그러나 하나님의 뜻대로 번제를 올려 드리면 내 마음속에 평강이 있습니다. 자녀를 객관적으로 보게 됩니다. 모세처럼 내 자녀가 후계자가 안 된다는 걸 인정하게 됩니다. 이것이 얼마나 평강인지 모릅니다.

부모가 자녀를 내려놓으면 하나님이 그 자녀를 책임지고 거두십니다. 그러므로 자녀를 내려놓아야 합니다. 내가 자녀를 못 끊고 질질 끌려다니면 결국 자녀가 망가져서 나중에는 하는 수 없이 내려놓게 됩니다. 자녀의 구원은 하나님이 책임지십니다. 내가 끼고돌면 구원이 안 됩니다.

답은 성경에 있다

어느 집사님의 중학생 딸이 주일에 진한 화장을 하고 하이힐을 신고 교회에 왔습니다. 엄마가 보아도 참 예쁘더랍니다. 그런데 친한 집사님으로부터 "어머, 집사님 딸 임신할 날이 머지않았네~" 하는 말을 듣고 금세 "옳소이다"가 됐다고 합니다.

그날 밤 학교 선배에게 돈 내놓으라는 협박을 받고 두려워하는 딸과 큐티를 나누는데, 딸이 안식일을 범하지 말라는 말씀을 보고는 자신이 지난주 예배에 안 간 것을 오픈하고 회개했습니다. 집사님은 이때다 싶어 안식일을 범하면 안 되는 이유를 설명해 주는 동시에 이른 나이에 화장하면 남자들에게 잘못된 인식을 주어서 뜻밖의 상황에 몰려 임신하게 될 수도 있다고 말해 주었습니다.

"네가 그런 결과를 감당할 수 있으면 화장하고, 그렇지 못할 것 같으면 학생의 때에 순종해서 화장을 자제하는 것이 어떻겠니?" 하고 말했습니다. 엄마가 말씀으로 설득하니 딸은 앞으로 안식일도 범하지 않고, 화장도 하지 않겠다고 했답니다.

문제가 없는 가정은 문제가 너무 있는 가정이고, 문제가 있는 가정은 문제가 없는 가정입니다. 문제가 있을 때 이렇게 말씀을 묵상하고 하나님께 '물어 이르되' 한다면 우리의 문제가 풀릴 줄 믿습니다.

자녀는 기업이라 했습니다. 자녀 문제는 나의 영원하신 기업의 교과서인 성경에서 답을 찾아야 합니다. 여기저기서 상담도 받아야겠지만 성경에서 결론을 얻어야 합니다.

대부분 부모는 자녀교육에 있어서 방임적이든지 심하게 간섭하든지 둘 중 하나입니다. 균형 잡힌 부모는 정말 드뭅니다. 사무엘도 자녀 문제를 자기 삶의 결론으로 받아들였을 것입니다. 그러니 묵묵히 있는 것입니다. 그래서 하나님이 야단을 안 치셨습니다. 자녀가 문제 일으킨다고 소리 지를 일이 아닙니다. 내 죄를 보며 인내해야 합니다.

자녀는 부모 삶의 결론입니다. 자녀는 부모의 붕어빵입니다. '나는 잘못한 것이 없는데 왜 이런 일이 생기는가?' 생각하는 부모는 악을 쓰고 울고불고 여기저기 쫓아다니며 세상적인 해답만을 찾습니다. 그러나 오직 성경에서 해답을 찾는 부모는 내 죄를 보고 가만히 입을 다뭅니다. 아무리 문제 많은 자녀라도 하나님이 구원하실 줄 믿고 그때를 위해 기도하며 기다려야 합니다.

신앙고백이 있는가?

성경을 가만히 들여다보면 자녀교육의 가장 근본적인 문제를 풀수 있는 길이 보입니다.

열왕기서만 봐도 알 수 있습니다. 선한 부모 밑에서 선한 왕이 나왔고, 악한 왕 밑에서 악한 자녀가 나왔습니다. 그런가 하면 선한 왕밑에서 악한 자녀도 나왔습니다. 악한 부모 밑에서도 선한 왕이 나왔습니다.

어떤 가정이든 이 중 하나에 해당합니다. 그러니까 선한 부모든 악한 부모든 그 절반은 악한 자녀로 인해 고난을 겪게 되어 있습니다. 선한 자녀라고 문제가 없는 것도 아닙니다. 선하면 선한 대로 고난을 겪게 되어 있습니다. 그러니 "내가 당하는 것은 아무도 몰라" 하지 마십시오. 모두가 자녀 고난을 겪고 있습니다.

선한 왕 밑에서 선한 왕이 나올 확률, 부모도 선하고 자녀도 선할 확률은 4분의 1입니다. 나만 착한 남편, 착한 자녀를 가지고 있는 것이 아니라, 4분의 1에 속한 것에 불과합니다. 그러니 성품으로 칭찬받고 성품 때문에 비방을 받을 이유가 없습니다. 태어나길 그렇게 태어났는데 성품 가지고 잘난 척할 일이 무엇입니까? 중요한 것은 선한 자녀든 악한 자녀든, 공부를 잘하든 못하든 신앙고백이 있는가입니다. 부모에게 신앙고백이 있는가, 자녀들에게 신앙고백이 있는가가 중요한 것입니다.

자녀를 주 안에서 객관적으로 보는 것이 믿음입니다. 부모도 객관적으로 보아야 하고, 자녀도 부모도 주의 사랑으로 사랑해야 합니다. 그것이 믿음입니다. 아무리 자녀라도 오직 구원을 목적으로 두어야 사랑을 주고받을 수 있습니다. 그런데 오직 구원이 목적이어도 살다 보면 자기도 속고 남도 속을 때가 있습니다. 자기 성품 때문에 속고, 혈기가 나기도 합니다.

히스기야가 병들었을 때 영적 후사가 없어서 통곡했습니다. 그러나 병이 낫자 교만해져서 바벨론 사자에게 나라의 군기고와 창고의 모든 것을 보여 주며 자랑했습니다. 이에 이사야 선지자가 하나님의 말씀을 빌려 "날이 이르리니 왕궁의 모든 것과 왕의 조상들이 오늘까지 쌓아 두었던 것이 바벨론으로 옮긴 바 되고 하나도 남지 아니할 것이요 또 왕의 몸에서 날 아들 중에서 사로잡혀 바벨론 왕궁의 환관이 되리라"고 했습니다(왕하 20:17~18). 히스기야가 그 말을 듣고 기분이 어땠을까요? 우리 같았으면 "지금까지 내가 얼마나 헌신했는데 하나님은 어떻게 나를 버리실 수 있습니까? 어떻게 내 자식을 저주하십니까?" 하고 대들었을 것입니다.

그러나 히스기야는 "여호와의 말씀이 선하니이다!" 했습니다(왕하 20:19). 과연 히스기야입니다. 그는 무서운 아버지 아하스 밑에서 훈련받으며 인생이 무서운 것을 알았습니다. 나아가 자신 밑에서는 자녀들이 제대로 훈련받을 수 없다는 것도 알았습니다. 모든 것을 잃고, 바벨론으로 끌려가 환관까지 되는 고난을 겪어야 하나님을 잘 믿게 되리라는 것을 알았습니다.

자기 능력으로는 자식을 훈련시키지 못한다는 것을 인정하기에

'자손이 바벨론에 사로잡혀 갔다 와야 한다'는 말씀이 축복의 말씀으로 들렸습니다. '자식들과는 천국에서 만나서 영원히 함께 살면 되지, 이 땅에서 짧은 인생 잘 살면 뭐 하겠는가.' 히스기야도 말년이 돼서야 이런 믿음을 갖게 되었습니다. 그래서 아멘이 나왔습니다.

자식이 고생해야 한다는데 '아멘' 할 수 있습니까? 이 말씀이 축복의 말씀으로 들립니까? 그렇다면 세상이 감당하지 못하는 하나님의 용사가 분명합니다.

부모와 자식 간에 관계가 아무리 좋아도 그 밑에서 훈련이 안 될 수 있습니다. 가정에서 훈련되지 않는 것이 있기 때문입니다. 창세기에서 하나님이 아브라함에게 "네 자손은 사대 만에 이 땅으로 돌아오리니"(창 15:16) 하셨는데 아브라함이 그것을 받아들였습니다. 왜 자손들에게 그런 고난을 주시는지 이해할 수 없었지만 두말하지 않고 받아들였습니다.

그러나 아브라함이나 히스기야나 그런 자식 고난을 괜히 받아들인 것이 아닙니다. 힘든 고난을 겪어야 믿음이 성장한다는 것을 알았기에 받아들인 것입니다. 우리들교회를 봐도 진짜 그런 것 같습니다. 힘든 남편 밑에서 훈련된 여집사님들은 악착같이 공동체에 붙어 있으려 합니다. 그런데 남편이 착해서 힘든 일 없는 여집사님들은 우리들교회가 힘들어서 다른 교회로 떠나고 싶어 합니다. 착한 남편과 사는 여집사님들이 들으면 섭섭하겠지만, 평균적으로 그렇다는 것이니 오해 없었으면 좋겠습니다. 아무튼 고난이 없으면 우리들교회를 다니기 힘든 모양입니다.

고난이 축복이고, 고난을 겪어야 믿음이 강해지는 법입니다. 고난으로 믿음이 생겨서 각자 신앙고백이 있어야 구원에 이를 수 있기에 아브라함도, 히스기야도 자식들에게 있을 고난을 축복으로 받아들였습니다.

분별의 힘

자고로 엄부 밑에서 효자가 난다고 했지만, 제가 보기엔 정말 이상한 아버지 밑에서 효자가 나는 것 같습니다. 조금 갖춘(?) 부모들은 자녀를 교회 수련회에 한 번 보내려면 용돈도 주고 청바지도 사 줘서 어르고 달래야 합니다. 그런데 부모가 별거하거나 가정환경이 좋지 못한 애들은 수련회 가는 것이 인생의 소망입니다. 그러니 뭐가 옳고 그른 게 있습니까.

이른바 '최고의 부모'들은 자녀에게 좋다는 거 다 먹이고, 학원도 모자라 족집게 과외까지 시키면서 "믿음은 강요하는 게 아닌 걸로 알고 있어요" 하면서 교양 있는 척합니다. "그것도 못 푸니!", "그게 얼마나 비싼 과외인데 안 갔어!" 그러다가 교회 안 간다고 하면 "음…… 엄마가 그건 강요하지 않아……" 하는 것입니다.

모든 부모는 자녀를 세상 왕 삼고 싶어 하는 마음이 있습니다. 그렇기에 성경에 이토록 자녀 이야기가 많은 모양입니다. 성경은 전부 가정 이야기라고 해도 과언이 아닙니다. 저도 교회에서 자녀 얘기, 가정 얘기만 합니다. 그렇게 죽자고 가정 얘기를 해도 문제가 너무 많습니다. 가정이 편안해야 사회가 편안하고, 교회가 편안합니다. 가정의 쪽박이 안 깨져야 그 쪽박으로 물이라도 퍼서 남에게 나누어 줄 수 있습니다. 가정이 편안하지 못하면 사회도 교회도 제대로 기능하지 못합니다.

성경은 영적 후계자가 반드시 장자는 아니라고 거듭 강조합니다. 장자 가인이 택자인 줄 알았더니 셋이고, 이스마엘인 줄 알았더니 이삭이고, 에서인 줄 알았더니 야곱이고, 얘도 아니고 쟤도 아닌 말째 다윗입니다. 다윗도 상속 서열에서 한참 뒤에 있는 솔로몬에게 장자권을 물려주었습니다. 이처럼 믿음의 조상들도 영적 후사를 알아보기 위해서 얼마나 시행착오를 겪었는지 모릅니다.

아브라함은 하나님이 "네 자식은 이삭이야!" 했음에도 이스마엘이 너무 멋있어서 분별이 안 되었습니다.

"아유, 이삭은 희롱이나 당하고 빌빌거리는데…… 됐고요. 예수고 뭐고 다른 아들은 싫어요. 제겐 이스마엘밖에 없어요. 이스마엘이 공부도 잘하고 몸도 건강하잖아요."

이삭은 야곱이 영적 후사라고 하나님이 알려 주셨는데도 "에서가 사냥 잘하잖아요" 했습니다.

이렇듯 우리는 내 눈에 좋은 것을 포기하고 싶지 않습니다. 돈 많이 벌고 명예를 얻고 권력을 잡는 것이 좋아 보입니다. 이런 세속주의를 좇으니까 영적 분별이 어려울 수밖에 없습니다.

우리 인생의 목적은 영적 후사를 알아보는 것입니다. 저 사람이 영적인가 아닌가, 이 일이 영적인가 아닌가, 구원과 상관이 있는가 없는가, 이를 분별하는 것이 성숙한 사람에 이르고 믿음의 후계자가 되는 길입니다.

우리는 자녀가 잘된다면 하나님보다 세상 왕을, 세상 방법을 의지합니다. 무리해서라도 좋은 유치원에 보내고 8학군으로 이사하고 심지어 기러기 부모를 자처하면서까지 유학을 보냅니다. 그러면서 이것을 자녀교육이라고 착각합니다. 자녀가 애물단지라는 것을 이미 수차례 겪고도 자녀가 우상이 되어 재앙의 길로 걸어갑니다. 당연히 순수한 신앙의 승계가 안 됩니다.

하나님이 보시기에 모범생 자녀도, 속 썩이는 자녀도 똑같이 구원의 대상입니다. 넘어지고 실패할 수밖에 없는 인생에서 자녀에게 내밀 수 있는 가장 큰 위로의 손길은 천국 소망을 갖게 하는 것입니다. 구원보다 더 큰 사랑은 없습니다.

10남매 자녀교육의 비결

책에서 읽은 내용입니다. 열 명의 자녀를 낳아 키우는 권 목사님 부부 이야기입니다. 사람들은 자녀교육 때문에 난리인데 마흔 살 노총각이 신붓감의 조건으로 '홀어머니 모시고 농어촌에서 봉사하며 아이는 낳을 수 있을 때까지 낳아 줄 여자'를 꼽았습니다. 그런데도 따라나선 부인이 있어서 나이 마흔에 결혼해서 18년 동안 자녀를 무려

10명이나 낳았습니다. 선교라고 말은 했지만 그야말로 '초막이나 궁궐이나' 찬송가 가사 같은 생활을 했습니다. 교회가 없던 곳에 폐가를 50만 원에 사서 교회를 세웠는데, 부부가 한마음이 되고 뜻이 확실하니 돈이 없어도 하나님께서 엄청나게 지경을 넓혀 주셨습니다.

첫째 딸이 나머지 애들의 군기반장인데 부모님 저리 가라 할 정도입니다. 물론 유치원도 학원도 보낸 적이 없습니다. 첫째가 어깨너머로 배운 피아노를 둘째에게 가르치면 둘째는 셋째를 가르치고 셋째는 넷째를 가르치는 식으로 10명이 바통을 이어 가며 교회 반주도 하고, 공부도 했습니다. 주일이면 열 자녀가 성가대석에 쪼르르 서서 찬양합니다.

권 목사님 부부는 열 아이 키우는 동안 종이 기저귀 한번 쓴 적이 없습니다. 형편이 어려우니 아이들이 편식도 모르고, 소화 안 되는 것도 모릅니다. 넉넉하게 먹인 적이 없어도 한 아이도 아프지 않고 다 건강하고, 공부도 다 잘합니다. 시골이라지만 하나님께서 얼마나 잘 키워 주셨는지 모릅니다. 부모는 아무것도 준 게 없습니다. 그저 주야로 가족 예배를 드리고, 성경을 가르쳐 준 것밖에 없습니다.

가장 좋은 태교는 '말해 주는 것'입니다. 아기를 갖기 전부터 말씀으로 준비하고 아이가 생기면 아침에 인사부터 시작해서 "엄마는 지금 고등어를 먹는다", "지금 전철이 지나간다" 이렇게 말해 주는 것이 최고의 태교라고 합니다. 아이가 태어나면 똑같이 큐티하고 말씀 보는 것이 가장 좋은 교육입니다. 아이들이 글쓰기를 배울 때부터 성경을 쓰게 하면 따로 한글을 배울 필요도 없습니다.

권 목사님이 더욱 대단한 것은, 당시 큰아이가 고3이고 교회도 든든한 반석 위에 올려져 있는데, 후임에게 물려주고 더 힘든 곳으로 가서 교회를 한다는 것이었습니다. 고3 수험생도 있는데 말입니다. 목사님의 이런 결단이 자녀들에게 귀한 신앙의 유산이 될 것입니다.

최고의 자녀교육은 하나님과 동행하는 것

창세기 4장 20절에서 22절을 보면 가인의 후손들이 가축을 치고 수금과 통소로 음악을 만들고, 구리와 쇠로 문명을 일구었다고 소개하고 있습니다. 그런 그들을 보면서 셋의 후손들은 자녀를 믿음으로 키우기가 얼마나 힘들었겠습니까. 가인의 자손들이 보이지 않으면 마음이나 편할 텐데, 남의 자식들은 저렇게 잘나가는데, 예수 믿는 내 자식은 말썽만 부리고 시험 보는 족족 떨어지니 속이 상해 견딜 수가 없었을 것입니다. 그러나 셋의 후손인 에녹은 보여 줄 것 없는 자녀들을 키우며 하나님과 동행했다고 합니다(창 5:21~24).

하나님과 동행했다는 '할라크'라는 표현은 말 그대로 주님과 같이 걷는 것입니다. 주님이 빨리 걸으시면 나도 빨리 따라 걷고, 천천히 걸으시면 나도 맞추어 천천히 걷는 것입니다. 그러나 우리는 하나님의 보폭을 맞추기가 너무 어렵습니다. 빨리 걸으시면 숨이 차다고 불평이 나오고, 천천히 걸으시면 내가 주님을 훌쩍 앞서가고 싶어서 안달이 납니다.

하나님의 관점이 내 관점이 되고, 주님의 보폭이 나의 보폭이 되기 위해서는 시간이 오래 걸립니다. 그 시간 속에서 부모가 하나님과 동행하는 모습을 보여 주는 것이 최고의 자녀교육입니다.

돈이 있으니 자녀가 초등학생일 때는 미국에 보내 영어를 마스터시키고, 중학생일 때는 상하이로 보내 중국어를 배우게 하고, 고등학생이 되면 한국의 특목고에 보내겠다는 부모도 있습니다. 그러나 자녀교육이란 이렇게 귀족 학교를 보내는 것이 아닙니다.

내 삶이 힘들어도 어려운 사람들과 공동체를 이루며 말씀으로 살아가는 것이 하나님과 동행하는 것입니다. 셋의 아들 에노스같이 치료 불가능한 한계상황의 사람들과 어울려 사는 모습을 보여 주는 것이 가장 성공적인 자녀교육입니다(창 4:26). 그럴 때 아이들은 하나님의 비전을 소유하게 됩니다. 가인의 후손은 아무리 잘살고 똑똑했어도 구속사의 계보에 이름 한 자 올리지 못했습니다.

다음은 학창 시절 학벌에 집착했던 청소년부 교사 자매의 간증입니다.

저는 1차로 지원한 대학에 떨어져 재수하려고 했지만, 아버지의 반대로 제 뜻과는 상관없는 집에서 가까운 대학에 가야 했습니다. 내심 학력으로 사람을 차별하던 저에게 대학 생활은 우울 그 자체였습니다. 모든 친구와의 관계를 끊고 편입을 준비해서 좀 더 유명한 대학으로 옮겼지만, '나는 정시가 아닌 편입으로 대학에 들어온 열등한 사람'이라며 스스로를 차별했습니다. 유학하면 열등감이 해결될 것 같아 저는 결혼 후 남편과 미국으로 유학을 갔습니다. 그러나 미국에는 더 다양한 학교 등급이 있었고, 제가 다니던 학교는 인지도가 높은 곳이 아니었기에 열등감은 더 커졌습니다. 저는 제 존재 가치를 성적이나 대학과 같이 눈에 보이는 것에서 찾았기에 환경을 바꾸고 또 바꾸며 높이 올라가려 했지만, 그럴수록 열등감만 더 깊어졌습니다.

그러나 하나님께서 성령이 충만한 담임목사님의 말씀을 통해 제 마음을 감동시키셔서 저의 실패를 재해석하게 하셨습니다. 그리고 예배와 큐티, 말씀 나눔을 통해 제 열등감의 근원을 마르게 하시며 하나님의 영으로 충만한 공동체에서 소그룹 리더와 청소년부 교사로 섬기도록 이끌어 주셨습니다. 그러다 보니 이제는 실패와 고난이 저를 위축시키는 것이 아니라, 깎인 보석처럼 사람을 살리는 별이 된다는 것을 알게 되었습니다. 또한 열등감이 해결되면 교만해질 수 있기에 내 뜻대로 가지 않도록 가정과 교회 공동체에 머물러 있게 하십니다.

이 자매는 열등감을 해결하기 위해 더 유명한 대학을 찾아 외국으로 유학까지 갔지만, 열등감이 오히려 더 심해졌다고 했습니다.

그렇다면 열등감이 생길 겨를도 없이 학업에서 취업까지 원스톱(one stop)으로 성공한 인생이라면 어떨까요? 표 집사님은 어려서부터 똑똑하다는 칭찬을 귀가 따갑도록 들었습니다. 여섯 살에 초등학교에 들어갔으나 곧잘 공부해서 대학도 단번에 입학하고, 직장도 대학을 졸업하기 전인 4학년 2학기에 들어갔습니다. 실패 한 번 해 본 적 없이 달려오며 자신의 인생은 앞으로도 곧은길일 거라고 생각했습니다.

교회에 다니며 성경 말씀을 통해 하나님의 지식과 지혜를 알게 되었지만, 성경의 교훈이 세상에서는 적용되지 않는다고 믿었고, 성경의 지혜보다 학교 선생님들이 가르쳐 주시는 지식이 더 중요하다고 생각했습니다. 이렇게 말씀의 지혜를 무시하던 저에게 곤고한 날이 찾아왔습니다. 세상 지식을 추구하며 살아왔지만 가장으로서 가정을 어떻게 꾸려야 하는지에 대해서는 무지했던 저는 상처를 주기만 하는 남편과 아빠가 되어 가족을 힘들게 했습니다.

학교에서는 남들보다 뛰어나야 한다고만 배웠기에, 사람의 마음을 공감해 주는 법을 몰라서 아내를 배려하고 자녀를 돌보는 일에 서툴기만 했습니다. 결국 저는 아내와의 잦은 갈등을 참지 못하고 다른 여자를 만나는 것으로 제 욕심을 채웠습니다. 하지만 탐욕이 지혜자를 우매하게 한다는 말씀처럼(전 7:7), 제가 외도를 했다는 사실이 만천하에 드러나면서 저는 돈뿐만 아니라 명예까지 잃게 되었습니다. 직장을 그만두어야 했고, 교회마저 쫓겨나듯 나오게 되었습니다. 하루가 멀다고 다투는 저희 부부 때문에 자녀들은 나날이 피폐해졌고, 급기야 막내아들이 반항과 폭력으로 아픈 마음을 분출하기 시작했습니다.

결국 곤고할 대로 곤고해진 저는 먼저 교회 공동체에서 말씀의 지혜를 배우던 아내를 따라 우리들교회로 오게 되었습니다. 그 후 수년간 양육의 때를 거치며 말씀의 지혜를 배우고 그 지혜에 따라 살려고 노력했더니 죽어 가던 가정이 하나님의 은혜로 살아나게 되었습니다. 하지만 쉽게 화를 내는 우매자처럼 여전히 저는 혈기를 조절하지 못해 최근에는 정신과 상담을 받으며 약을 먹고 있습니다. 저의 장래 일을 알 수 없지만, 이제는 세상 지식이 아닌 말씀으로 배운 지혜를 의지하며 살아가고 싶습니다. 삶이 형통해지면 교만해지지 않도록 회개하고, 곤고한 날이 찾아오면 나 자신을 말씀으로 되돌아보는 진정한 지혜자가 되기를 소망합니다.

학교 좀 일찍 들어가고, 실패 없이 승승장구하면 뭐 하겠습니까? 그것으로 인생이 성공했다 할 수 있습니까? 결코 그렇지 않다는 것을 표 집사님이 증거하고 있습니다. 표 집사님은 세상에서는 성공한 사람이지만, 말씀을 깨닫고 나서는 스스로를 '우매자'라고 고백하고 있습니다. 정말 별 인생이 없는 것입니다. 남들보다 잘난 것 없고, 고난만 많은 '문제 인생'이더라도 그저 내가 살아온 약재료로 남들을 살리면 됩니다. 세상적 지식과 지혜가 부족해서 세상에서 멸시받고 차별받는 인생을 살더라도 하나님이 택해 주시고, 하나님과 동행하면 그것이 복받은 인생입니다.

자녀에게 세상적 지혜와 지식을 가르치는 것이 능사가 아닙니다. 최고의 자녀교육은 하나님과 동행하는 길을 가르쳐 주는 것입니다.

가인의 6대손은 라멕이고, 셋의 6대손은 에녹입니다. 라멕과 에녹이 똑같이 6대손인데 이들의 인생 행로는 너무나 판이합니다. 하나님 없이 산 가인의 후손 라멕은 칼의 노래를 부르고(창 4:23~24), 셋의 후손 에녹은 하나님과 동행하는 삶을 살다가 죽음을 보지 않고 하나님이 데려가셨다고 성경은 증거하고 있습니다(히 11:5).

『보리밭엔 보리가』라는 책에 조나단 에드워즈와 맥스 주크의 이야기가 나옵니다. 둘 다 믿음의 소유자였지만 조나단 에드워즈는 믿음의 아내를 만나 가정을 이루었고, 맥스 주크는 아름다움을 좇아 믿음이 없는 여자와 결혼했습니다. 200~300년이 지나서 이들의 가계를 조사해 보니 맥스 주크의 가계에서는 마약중독자, 전과자, 도둑이 수두룩한 반면, 조나단 에드워즈의 가문에는 선교사, 목사, 교수, 부통령, 국회의원 등이 나왔다고 합니다. 시작은 미미하지만 이처럼 길이 갈렸습니다.

그러나 하나님과 동행하는 것이 당대에서는 너무나 어렵습니다. 육신의 정욕과 안목의 정욕, 이생의 자랑을 다 물리치면서 가야 하기 때문입니다. 그렇다고 해서 하나님과 동행하는 것이 거창한 건 아닙니다. 오늘 당장 눈을 뜨면 내 삶을 통해, 일상생활에서 내가 어떻게 하나님과 동행할지 적용거리부터 찾아보십시오. 그리고 선택과 집중을 잘해서 그것을 하나하나 구체적으로 실천해 가면, 그것이 바로 하나님과 동행하는 인생입니다.

내가 오늘 예수님 때문에
자녀를 번제로 드리면
그곳이 곧 성전이 됩니다.
내가 성전이 되는 것입니다.
자녀를 객관적으로 내려놓으면
여러분의 집안이 다 성전이 됩니다.

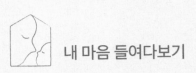

내 마음 들여다보기

Q. 내 자녀의 영적 상태를 객관적으로 보고 있습니까? 내 자녀가 귀신 들린 걸 인정합니까? 내 자녀가 아픈 것을 외면하고 있지는 않습니까? 예수는 모른 채 세상 성공을 향해 달려가는 내 자녀를 위해 지금 내가 적용해야 할 것은 무엇입니까?

_____

_____

_____

_____

Q. 자녀에게 나는 어떤 부모입니까? 영적 양식은 주지 않고 육적 양식만 먹이면서 '교회에 다녀도 공부를 잘해야 한다, 돈이 많아야 한다'고 모순적인 태도를 취하고 있지는 않습니까? 자식이 애물단지라는 것을 이미 수차례 겪고도 자녀를 우상으로 모셔 놓고 있지는 않습니까?

_____

_____

_____

_____

Q. 사랑하는 자녀에게 전하기 힘든 말씀, 장차 받을 환난의 복음을 잘 전하고 있습니까? 자녀교육은 신앙고백에서 시작되어야 한다는 것을 알고 있습니까? 하나님께서 잠시 맡겨 주신 자녀를 내 소유로 생각하여 자식 고난을 겪고 있지는 않습니까?

_____

_____

_____

_____

Q. 내 잘못된 결정 때문에 자식이 잘못되고 있지는 않습니까? 아무리 먹고살기가 힘들어도 믿음의 땅에 거하는 것이 나도 살고 자식도 살리는 길임을 인정합니까? 자녀의 구원을 가로막고 있는 것은 무엇입니까? 믿음을 명분으로 자녀를 달달 볶는 나 때문에 내 자녀가 하나님과 점점 멀어지고 있지는 않습니까?

_____

_____

_____

_____

제 큰아들은 ADHD가 있고 대인관계를 힘들어합니다. 얼마 전 큰아이의 담임선생님에게 연락을 받았습니다. "아이가 억울한 일이 생기면 수업 진행이 힘들 정도로 감정 주체가 안 된다"는 내용이었습니다. 평소 반 아이들은 큰아이를 지속적으로, 교묘하게 괴롭혀 왔습니다. 큰아이가 먼저 피해를 준 적은 없고 선생님도 그것을 아셨지만, 큰아이의 행동이 호의적이던 아이들마저 등 돌리게 하고 교사들도 제어하기가 힘들다고 하셨습니다. 그러니 부모가 반 친구들에게 사과하고 아이의 상황에 대해 설명해 주길 원하셨습니다.

왜 피해자인 우리 아이가 사과해야 하는지 억울했습니다. 그런 저에게 아내는 "아이를 대신해 엄마가 사과하라는 말씀으로 해석했다"며 저를 다독였습니다.

저는 이런 일은 당연히 아이 엄마가 할 일이라고 생각했습니다. 그런데 눈물이 많은 아내가 반 아이들 앞에서 눈물을 보일까 걱정되어 며칠 뒤 빈말로 "내가 할까?"라고 물었습니다. 그러자 아내는 여자 목장에서 권면하길 아빠가 가는 것이 낫겠다고 했다며 저에게 하라고 했습니다. 황당하고 억울했지만 목장 처방에 당할 길이 없어 결국 제가 나서기로 했습니다.

당일 아침, 학교에 갈 준비를 하며 큐티책을 폈는데 "생명의 길과 사망의 길을 두었노라 항복하는 자는 살 것이나 목숨은 전리품 같이 되리라"(렘 21:8~9)는 말씀이 와닿았습니다. 그래서 억울함을 내려놓고 항복하는 마음으로 아이들 앞에서 사과했습니다. 그동안 수치스러워 비밀로 했던 큰아이의 ADHD도 아이들에게 고백하며 따뜻한 마음으로 바라봐 주길 부탁했습니다.

고개를 끄덕이며 이해해 주는 아이도 있었지만 키득거리는 아이도 있었습니다. 하지만 저를 전리품으로 내어 주며 항복하는 마음으로 교단에 서니 어떤 조롱에도 요동하지 않고 침착하게 말할 수 있어서 감사했습니다. 말씀을 묵상하고 준비하니 나를 도우시는 주님의 손길이 느껴졌습니다. 교회 공동체에서 배우고 훈련받은 대로 "오랜 해외 생활로 큰아이를 잘 돌보지 못했다"고 저의 죄도 솔직히 고백할 수 있었습니다.

그러나 이 사건이 반 아이들에게 어떻게 전해졌을지, 큰아이 학교생활에 걸림돌이 되지는 않을지 걱정이 되었습니다. 하지만 말씀을 보며 주님이 세상 성공과 음행에 취한 저의 악한 형통을 보셨다고 해석이 되니 이 사건을 주심에 감사했습니다. 지금의 심한 고난이 회복의 준비 단계임도 깨달아졌습니다. 이 사건을 통해 주님을 바라보며 회개하게 하신 하나님, 감사합니다. 악한 여로보암의 죄에서 떠나는(왕하 14:24) 제가 되길 기도합니다.

Chapter 5

부모가 변해야
자녀가 달라집니다

논산에 사는 중학교 2학년 학생이 엄마의 소원을 들어준다며 우리들 교회에 등록했습니다. 그리고 3주 후에 그 학생의 엄마에게서 이메일 이 왔습니다. 교회에 등록한 지 3주가 됐는데 벌써 수련회도 다녀오 고, 큐티도 한다고 했습니다. 그간 엄마가 아무리 시켜도 안 하더니 우 리들교회에 와서 3주 만에 큐티를 한다면서 아버지에게 잘하고, 동생 도 챙기고, 이제는 그 아들과 이야기가 통한다고 했습니다.

평생 교회를 다녀도 말이 안 통하는 사람이 얼마나 많은지 모르 는데 이 엄마는 정말로 수지맞았습니다. 아이 엄마가 말씀을 너무 사 모해서 남편이 핍박해도 인내하는 모습을 보여 줬기 때문에 그 진심 이 아이에게 통했다고 생각합니다.

자녀교육에서 부모의 본은 정말 중요합니다. 예수 안에서 영적 인 문제를 보는 통찰력 있는 부모가 가장 좋은 부모입니다.

그런가 하면 얼마 전에 중학교 2학년 아들로부터 "어른들이 하는 것을 저라고 하지 말라는 법 있나요? 아빠나 음란을 끊으세요!"라는 말을 들은 집사님이 있습니다. 교회에서 양육을 받으면서 '이 정도면 되겠지' 하는 교만한 마음이 한 방에 무너지는 순간이었다고 합니다. 그 집사님은 아내가 쓴소리할 때나 밥을 잘 차려 주지 않으면 고질적인 음란이 고개를 들려 한다고 고백했습니다. 예수 없이 똑똑한 부모는 자녀들을 질리게 만들고 지식과 교양에 걸려 넘어지게 합니다.

이렇게 교회에서 양육을 받아도 구속사적인 시각을 갖기가 쉽지 않고, 더욱이 삶으로 살아내는 적용까지 나아가기는 참 어렵습니다. 말로는 자녀가 구원받기 원한다고 하지만, 자녀들이 나의 모든 행동을 지켜보고 있습니다. 나는 자녀에게 본이 되고 있습니까?

우리 엄마가 달라졌어요!

문제아 딸 때문에 힘들어하던 어느 집사님의 중학교 3학년 딸이 교회에 와서 간증을 했습니다.

저는 초등학교 때부터 지금까지 한두 명의 친구밖에 없었고, 부모님은 맞벌이를 하셨습니다. 우리 가족은 할머니 댁에서 지냈는데 할머니는 미숙아로 태어난 제 동생만 끼고돌며 동생이 잘못을 해도 모두 제 잘못이라고 야단을 치셨습니다. 그래서 초등학교 4학년 때 제가 받을 사랑까지 독차지하는 남동생에 대한 스트레스로 사회인지 치료를 받았습니다. 엄마가 직장을 그만두시며 할머니 댁에서 나와 이사를 하고 전학을 가면서 그나마 있던 친구들도 멀어지니 여러 가지 스트레스가 더 생겼고, 그 짜증을 날마다 엄마에게 풀다가 아빠한테 얼마나 맞았는지 모릅니다.

전학을 가서 친구와 오해로 인한 다툼도 잦았고, 중학교에 입학하면서부터는 나쁜 친구들과 어울려 다니며 술 담배를 하고 가출도 했습니다. 화가 나면 감정을 추스르지 못하고 친구를 때리거나 머리에 우유를 붓고 라이터로 머리를 태우기도 했고, 나쁜 친구들과 어울리다 경찰서에도 다녀왔습니다. 경찰서에 있는 저를 데리러 오신 엄마는 처음으로 "너 때문에 정말 힘들어 죽고 싶어"라고 말씀하셨습니다.

중학교 3학년 때는 선생님들과 부딪치면서 징계를 세 번이나 받았고 대안학교로 전학하는 것이 어떻겠냐는 권유도 받았습니다. 졸업은 해야 하는데 학교 다니는 것이 너무 싫었고, 선생님들도 "이렇게 다닐 거면 학교에 다니지 마라. 너만 없으면 된다"고 말씀하셨습니다. 제가 바란 것은 단지 저에게 맞는 따뜻한 지도였는데, 학교에서는 제 힘든 마음과 생각은 이해해 주지 않고 저를 그저 문제아 취급만 했습니다. 그러다가 엄마와 함께 우리들교회에 오게 되었습니다. 저 때문에 힘들어 죽고 싶다던 엄마가 제게 "너라는 존재가 있어 감사하다"고 하셨습니다.

아무리 노력해도 마음을 잡지 못하던 딸아이는 엄마가 교회에 와서 변하는 모습을 보고 조금씩 변해 갔습니다. 이렇듯 부모가 먼저 변해야 아이가 변합니다. 아이는 "아빠도 우리들교회에 나오면 변하지 않을까?" 하면서 "얼마 남지 않은 중학교 생활 잘 이겨 내서 꼭 졸업하고 싶다"고 했습니다. 비전도 찾고 싶다고 했습니다.

이것은 인간의 힘으로 할 수 있는 일이 아닙니다. 엄마도 딸도 죽고 싶어질 정도로 너무 힘들었는데 길이 없어 교회에 와서 하나님의 참사랑을 찾았습니다. 이 아이가 언젠가 같은 문제아 친구에게 믿음의 간증을 하면서 "나도 머리에 우유를 붓고 라이터로 머리를 태웠다"고 하면 그 친구에게 얼마나 위로가 되겠습니까? "나도 그랬는데" 하는 것이 참사랑의 간증입니다. 길이 많으면 하나님의 완전한 사랑이 들어오지 않습니다. 내가 아무것도 할 수 없을 때 하나님의 참사랑이 들어옵니다. 이 참사랑을 안다면 못할 일이 뭐가 있겠습니까?

말로는 변화시킬 수 없다

말은 인간의 인격을 반영합니다. 그러나 인간의 말은 다 땅에 떨어질 수밖에 없습니다. 말이 땅에 떨어지는 것은 내가 말한 대로 되지 않는다는 뜻입니다. 선지자가 주의 이름으로 말한 것이라 하더라도 그대로 이루어지지 않는다면 그 말은 주님이 주신 말이 아니라 인간의 생각입니다.

사무엘서에 보면 엘리의 말은 전혀 권위가 없고 다 땅에 떨어졌는데, 사무엘의 말은 하나도 땅에 떨어지지 않았다고 합니다. 여호와께서 그와 함께하셨기 때문입니다(삼상 3:19). 우리가 큐티를 하면서 하나님의 말씀으로 듣고 믿은 것은 하나님이 함께하심으로 이루어집니다. 이것이 말씀 묵상이고 적용입니다.

아이가 네 살 때 이혼해 그 수치심 때문에 교회 공동체를 떠난 허 집사님이 있습니다. 빚에 쫓기고, 회사에서 해고될지도 모른다는 불안감에 회사를 자주 옮기면서 아이에게 이렇게 다그쳤다고 합니다.

"너는 엄마도 없고, 물려받을 재산도 없어. 아빠가 죽거나 다치면 너 혼자 살아야 해. 그러니 네가 믿을 것은 공부밖에 없어."

칭찬은 가볍게 언급하고, 잘못한 부분은 심하게 질책하는 아빠 때문에 아이는 공부를 곧잘 했지만 자존감은 점점 무너져 갔습니다. 그러던 중 허 집사님은 회사에서 갑자기 권고사직을 당했고 10여 년 만에 하나님을 다시 찾게 되었습니다. 말씀을 듣고 마음이 새로워지며 삶이 조금씩 변하기 시작할 무렵, 고등학교 1학년이 된 아들이 '자살 고위험군'이라며 학교에서 연락이 왔습니다. 허 집사님은 '모범생으로 말 잘 듣는 아이가 무슨 자살이냐'고 대수롭지 않게 생각했는데, 그것은 문제 아빠의 착각이었습니다.

아들은 고통이 적으면서 자살 성공률이 가장 높은 한강 다리에서 뛰어내리기 위해 장소를 물색하고, 어릴 때부터 아빠한테 받은 상처를 노트에 빼곡히 적어 두었습니다. 아이를 위해 재혼도 마다한 허 집사님이지만, 혈기가 많기에 아이의 스마트폰을 14층 아파트에서 던지는가 하면, 또 아이가 거짓말을 한다는 이유로 주먹으로 때리다가 집사님의 손뼈가 부러지기도 했습니다.

공동체 없이 자기 열심으로 아이와의 관계를 회복할 수 있다는 생각이 한계에 다다르자, 허 집사님은 교회에 등록하고 목장에 나가기 시작했습니다. 목장에서 자신의 고난과 지난날의 죄를 오픈하고, 매일 큐티로 삶을 해석받으며 마음을 새롭게 함으로 변화를 받았습니다(롬 12:2). 이후 신앙고백으로 십일조를 기쁨으로 드렸습니다.

아빠가 아들에게 점차 사랑의 권면을 하자, 아들 또한 공동체에 들어와 자신의 고난을 오픈하고, 청소년부 수련회에서 1,000명이 넘는 선생님과 학생들 앞에서 간증하기도 했습니다. 그리고 마침내 오랜 세월 아들을 괴롭힌 우울증도 완전히 치유받게 되었습니다.

아들은 대입 시험을 치르며 자기소개서에 이런 자신의 고난을 담담하게 적었습니다. 그러나 자신 있던 수능에서 점수가 잘 안 나와 낙담하고 있던 아들에게 놀랍게도 S대에서 합격 통지를 보내왔습니다.

사연은 이랬습니다. S대 입학 원서 자기소개서에 '고등학교 재학 기간에 읽었던 책 중 자신에게 가장 큰 영향을 준 책 3권과 그 이유를 기술하라'는 항목이 있었습니다. 그 아들이 제가 쓴 책 『면접』을 선정하고, "자신의 힘든 환경이 단점이 아니라 같은 환경에 있는 사람들을 공감할 수 있는 강점"이라고 어필한 것이 큰 점수를 받았답니다. 다음은 이 아들이 자기소개서에 쓴 내용입니다.

네 살 때 부모님이 이혼하셔서 혼자 보내는 시간이 많았던 저는 성격이 소극적으로 변했습니다. 사춘기를 거치면서 저의 환경이 이해되지 않아 친구들과 저를 비교하면서 열등감을 느꼈습니다. 하지만 바꿀 수 없는 지나간 시간 때문에 원망하며 미래를 준비할 수 없다는 생각에 저의 성격을 개선하려고 열심히 노력했습니다. 마음의 상처가 많이 치료되던 중 읽은 이 책은 인생이라는 면접에서 평범하게 살아가는 삶이 비범한 스펙이며, 자신에게 주어진 삶을 열심히 사는 것이 멋진 인생이라고 강조했습니다. 이 책을 읽고 환경보다 중요한 것은 삶에 대한 마음가짐임을 깨달았습니다. 그러자 그동안 가졌던 삶에 대한 부정적인 태도를 반성하게 되었습니다. 제가 가진 이런 환경은 감추어야 할 부끄러운 단점이 아니라 같은 환경에 있는 사람들을 공감해 줄 수 있는 강점이기 때문에 용기 있게 드러낼 수 있어야 한다는 것을 느꼈습니다. 진학 후에 다양한 분야에서 자원봉사를 하고 싶게 만들어 준 책이었습니다.

이 아들이 본인의 수능 점수로는 합격하기 힘든 S대의 관문을 통과한 데는 무엇보다 자기소개서에 자기 고난을 솔직하게 이야기했기 때문이 아닌가 합니다.

자살하기 위해 한강 다리를 검색하던 아이가 말씀과 공동체로 인해 이렇게 살아났습니다. 아버지가 먼저 신앙이 회복되고 삶이 변화되어 아들에게 끊임없이 사랑을 전했고, 아들 또한 공동체에서 말씀으로 하나님의 사랑을 체험했기에 가능한 일이었습니다.

그런데 기독교 학교도 아닌 S대에서 자기 수치를 드러냈다는 이유로 이 아들을 합격시킨 것은 하나님이 하신 일이 아니라면 도저히 설명할 수 없는 일입니다. 이제 이 아이는 자기와 같이 힘든 아이들에게 자신의 약재료를 나누어 주기 위해 교회 중등부 교사로 섬기고 있습니다. '스토리가 스펙을 이긴다'는 얘기가 정말 맞는 것 같습니다. 그냥 있는 모습 그대로를 말씀에 비추어 쓴 스토리가 스펙을 이겼으니 말입니다. 저는 바로 이것이 영적 예배의 진수라고 생각합니다.

부모가 자녀에게 말씀을 가감하지 않고 전하기는 힘듭니다. 자녀들은 대부분 부모가 좋게 말해도 기분이 나쁘고, 엄하게 말하면 억하심정으로 듣게 됩니다. 그런데 어려서부터 아이 스스로 큐티를 하면 저절로 심판의 말씀, 사랑의 말씀, 교훈의 말씀을 차례대로 읽게 됩니다. 그래서 하나님의 말씀이 가감 없이 전해지는 것입니다.

자녀교육도 하나님이 말씀하셔야 합니다. 부모가 삶으로 보여준 것이 없으면서 '큐티해라, 기도해라, 인내해라, 용서해라' 말만 하면 자녀들은 반감을 보일 수밖에 없습니다. 날마다 말이 땅에 떨어질 수밖에 없습니다. 그래서 부모나 자녀나 다 큐티를 해야 합니다. 내가 내 인생을 마음대로 할 수 없습니다. 자식 인생은 더더욱 마음대로 안 됩니다. 부모도 하나님께 인도함을 받아야 하고 자녀도 인도함을 받아야 합니다.

빈 들의 훈련

온 나라가 열병을 앓는 입시 철에는 부모가 빚을 져서라도 자녀의 학원비, 과외비를 내고, 아침저녁으로 자동차 라이드를 해 가며 시간과 노력을 투자합니다. 혹여나 자녀가 스트레스받을까 봐 말도 제대로 못 붙이면서 인내하며 두렵고 떨리는 시간을 보내야 합니다. 저는 이 시간이 부모와 자녀에게 '빈 들의 훈련'이 되기를 바랍니다.

뜻대로 되지 않는 자녀를 통해 내 욕심과 기대를 버리는 것이 부모가 거쳐야 할 빈 들의 훈련입니다. 자녀 입장에서는 부모의 뒷바라지가 아니라 오직 하나님만이 내 장래를 보장하신다는 걸 깨닫는 것이 빈 들의 훈련입니다. 그래서 자녀가 속을 썩이는 가정일수록 최고의 빈 들입니다. 가출하고, 학교로 경찰서로 불려 다니는 자녀를 보면서 명문 대학이고 뭐고 상관없이 '저 아이가 예수님만 믿었으면……' 하고 저절로 하나님을 향한 기대를 하게 되기 때문입니다.

> 76 이 아이여 네가 지극히 높으신 이의 선지자라 일컬음을 받고 주 앞에 앞서 가서 그 길을 준비하여 77 주의 백성에게 그 죄 사함으로 말미암는 구원을 알게 하리니 78a 이는 우리 하나님의 긍휼로 인함이라……_눅 1:76~78a

자녀는 하나님의 놀라운 계획 속에서 하나님의 기대를 받으며 태어난 존재입니다. 공부를 잘하든 못하든, 효도를 하든 날마다 문제를 일으키든, 하나님은 "종신토록 주의 앞에서 성결과 의로 두려움이 없이 섬기게"(눅 1:75) 하는 사명을 우리 모두에게 주셨습니다. 우리 집안이 대단하고, 자녀가 훌륭해서가 아니라 하나님의 긍휼로 인하여 나와 내 자녀를 통해 그 사명을 이루시는 하나님이십니다. 그 약속을 믿으며 입시생의 빈 들, 학부모의 빈 들의 훈련을 잘 받기를 기도합니다.

학벌 우상으로 자녀를 키운 삶의 결론으로 빈 들의 훈련을 받는 어느 집사님의 간증입니다.

자녀를 누구보다도 잘 키워야 한다는 생각에 수많은 책을 섭렵하며 첫째 아들에게 열중했습니다. 학벌이 우상이기에 아들이 공부를 잘해 주기를 간절히 바랐지만, 아들은 기대에 못 미치는 성적과 끊임없는 방황으로 저를 낙심시켰습니다. 그럴 때마다 저는 모범생 딸을 통해 위로받으며 아들과 딸을 마음속으로 편애했고, 공부 잘하는 딸로 인해 기쁨과 영광을 얻고자 했습니다. 딸은 저의 관심과 사랑을 받으며 오빠를 무시했고, 저는 늘 그런 딸의 심기를 살피고 온갖 것으로 치장하면서 아이를 섬기는 것이 제 몫이라고 생각했습니다. 모태신앙인이지만 구원의 가치를 모르고, 오직 가족의 행복에만 관심이 있었기에 오랫동안 자녀들을 우상 삼았습니다.

사춘기 시절부터 방황하던 아들은 장성하여 대학에 갔지만, 경제관념이 없어 돈을 규모 있게 쓰지 못하고 용돈을 줘도 매번 손을 벌립니다. 학벌 우상을 내려놓지 못하고 아들을 구원의 관점으로 양육하지 못한 제 삶의 결론입니다. 작년에 수능을 치른 고3 딸은 수험 기간에 조퇴를 반복하며 공부하는 것을 힘들어하더니 결국 수능을 잘 보지 못했습니다. 시험을 잘 보지 못했다는 딸의 말에 세상이 무너지는 듯한 좌절감을 느끼는 저 자신을 보면서, 기복신앙으로 자녀를 잘 키워 자랑하고 싶었던 저의 교만과 허영심을 보게 되었습니다.

자녀가 내 뜻대로 되지 않는 결과를 하나님이 계속 보여 주시고 사건을 통해 말씀하시는데도, 회개하고 돌이킬 생각은커녕 그럴수록 더욱 '잘돼서 하나님께 영광 돌리겠다'며 자녀를 통해 나의 이기심과 열등감을 덮으려 했음을 회개합니다. 구속사의 말씀을 들어도 여전히 세상에 대한 미련이 있어 학벌과 돈을 내려놓지 못하고 하나님이 주시는 영광만 취하고 싶어 하는 저인데, 말씀을 보며 회개하게 하시니 감사합니다. 자녀들을 통해 역사하실 하나님의 섭리를 신뢰하며 오직 하나님만을 나의 왕으로 모시기를, 만민의 왕을 영원히 찬송하기를 소망합니다.

명문고에 다니는 한 학생은 성적도 우수한 편이었고, 모의고사 점수도 계속 상승세에 있었기에 원하는 대학에 갈 것으로 기대했습니다. 그런데 수시 모집에서 자격이 불충분하여 원하는 상위권 대학에 지원할 수 없게 되자 그동안 노력한 것이 허사가 된 것 같아 몹시 억울해했습니다. 이런 상황을 허락하신 하나님도 원망했습니다. 그후 이 학생은 오직 좋은 대학에 가야 한다는 생각에 사로잡혀서 공부에 열심을 내며 큐티도 하지 않고, 하나님을 모른 척하고 생활했습니다. 그런데 오히려 모의고사 점수는 수직으로 하강했고, 그럴수록 명문대에 대한 집착은 더욱 심해졌습니다. 이런 고난으로 빈 들의 훈련을 받는 이 학생의 간증입니다.

저는 이 상태로는 좋은 대학에 못 갈 것 같다는 불안감에 식사기도를 제외한 모든 기도와 말씀 묵상을 접어 두고 공부에 더 집중하면서 하나님을 더 멀리했습니다. '공부할 시간도 부족한데 그 시간에 공부나 더 해야겠다'고 생각하여 학교 기독교 모임에도 참석하지 않았습니다. '나의 미래를 위해서 예배보다 공부하는 게 더 나은 게 아닐까'라고 생각해 예배에도 지각하기 일쑤였습니다. 이렇듯 저는 우매자가 되어 신앙생활을 소홀히 했습니다. 말씀 공동체에 속하여 예배드리는 것이 저의 세 겹 줄임을 알지 못한 것입니다(전 4:12). 그러나 하나님은 "두 손에 가득하고 수고하며 바람을 잡는 것보다 한 손에만 가득하고 평온함이 더 나으니라"(전 4:6)는 말씀으로 저를 찾아와 주셨습니다. 하나님의 뜻과 상관없는 수고와 성취는 헛된 것임을 제게 알려 주신 것입니다.

저는 이 말씀을 통해 내가 과연 무엇을 위해서 이렇게 공부하고 노력했는지 돌이켜 보았습니다. 저는 항상 하나님의 영광을 위해 공부하는 것이라며 저 자신과 남들을 속여 왔습니다. 하지만 입시가 코앞에 닥치자 저의 본심이 드러났습니다. 제가 지금껏 열심히 공부한 이유는 남들에게 인정받기 위함이었고, 유명 대학에 가서 왕의 자리에 올라 군림하고 싶어서였습니다. 말씀을 통해 이런 제 모습을 직면하게 되니 하나님 앞에 무척 죄송한 마음뿐이었습니다.

수능을 치르고 그 결과를 기다리고 있습니다. 말씀으로 제 죄를 깨닫게 되었지만, 좋은 대학에 가고 싶다는 욕심이 완전히 사라진 것은 아닙니다. 그러나 아무리 많은 사람을 다스린 왕이었을지라도 그것 역시 지나고 나면 헛되어 바람을 잡는 일에 불과하다는 말씀처럼(전 4:16), 이제는 명문 대학이 저를 행복하게 해 줄 수 없다는 것을 조금은 알게 되었습니다. 어느 대학에 가게 되는지 알 수 없지만 하나님이 제게 딱 맞는 길로 인도해 주실 것을 믿으며 나아가겠습니다.

붙으면 회개, 떨어지면 감사!

평소 성적이 상위권이던 고3 여학생이 수능시험을 마치고 가채점 결과가 좋지 않자 스스로 목숨을 끊은 일이 있습니다. 유서에는 "먼저 가는 게 죄송하다. 과분한 사랑에 감사드린다"고 적혀 있었습니다. 공부도 잘하고 사랑도 많이 받았던 아이가 단지 수능 점수에 비관하여 목숨을 버리고 만 것입니다. 어느 해 수능시험 전날에도 한 수험생이 아파트에서 뛰어내려 스스로 목숨을 끊은 일이 있었습니다.

수능시험 날이면 교회마다 수능 기도회를 엽니다. 부모들이 구름 떼같이 모여서 이른 아침부터 국어, 수학, 영어……. 자녀가 시험을 치르는 시간에 맞춰 열심히 기도하고, 쉬는 시간에 맞춰 화장실에 다녀옵니다. "자, 5분 전입니다. 지금부터 모르는 것을 잘 찍게 해 달라고 기도합시다" 하면 "처음부터 끝까지 생각나게 해 주시고 답을 잘 쓰게 해 주시고……" 하고 기도하는데 눈물이 바다를 이룹니다. 그리고 나서 아이가 시험을 못 보았다고 하면 그다음 날부터 새벽 기도에 참석하는 부모가 반으로 줄어들고, 합격자 발표가 나면 아예 아무도 보이지 않습니다. 그런 경우를 많이 봤습니다.

　물론 성령이 말할 수 없는 탄식으로 기도해 주시겠지만, 날마다 자녀를 위해 뭘 달라고 기도하는 것이 과연 자녀를 사랑해서 하는 기도일까요? 우리 아들딸만 생각하면 눈물이 줄줄 흐르는데 그게 사랑인지, 성막 짓는 일인지, 금송아지 만드는 것인지 자기도 모릅니다. 나도 속고 남도 속습니다.

　우리들교회는 해마다 수능시험이 끝난 뒤에 '붙회떨감' 기도회를 엽니다. 시험을 본 당사자인 고3 학생들과 예비 수험생, 학부모가 모여 함께 식사하고, 찬양하고, 기도합니다. 시험 점수 잘 나오게 해 달라고 기도하는 것이 아니라 시험을 본 후에도 여전한 방식으로 그날의 말씀을 나눕니다. 대학에 붙는 것만 응답이라고 생각하는데, 붙고 떨어지는 게 중요한 게 아니라, 어떤 결과라도 응답으로 받아들이는 게 중요하기 때문입니다.

　저는 아이들이 시험 결과에 요동하지 않도록 "붙으면 회개하고, 떨어지면 감사하라"고 강조합니다. 이 경구(警句)는 제가 재수생 큐티 모임을 16년 동안 인도하면서 얻은 결론입니다. 언젠가 이 글귀가 새겨진 머그잔을 수험생들에게 선물하기도 했습니다. 고3 때나 재수를 할 때 아이들은 "대학에 붙기만 하면 교회에 더 열심히 나가고, 큐티도 하고, 봉사도 하겠다"고 다짐하면서 열심히 기도합니다. 그런데 단번에 합격한 아이들이 자기들 말대로 큐티를 더 열심히 하고 교회에 잘나가는 것을 거의 못 봤습니다. 도리어 떨어진 아이들이 그동안 들은 말씀을 기억하면서 더욱 하나님을 의지하고 청년부 리더와 임원으로 섬기는 것을 보았습니다. 인생 최초의 고난이라 할 수 있는 입시생 시절이야말로 하나님을 만날 최고의 기회입니다. 그래서 붙는 것보다 떨어지는 것이 영적으로 유익합니다.

저는 대학에 붙은 아이들에게는 "네가 감당할 만한 믿음이 안 되니까 하나님이 붙여 주신 것이다. 그러니 회개해라"고 권면합니다. 떨어진 아이들에게는 "너를 정말 수준 높게 보시고 하나님이 재수의 고난을 허락하셨구나. 너를 크게 쓰시려는 하나님의 계획이니 이보다 감사한 일이 또 어디 있겠니. 할렐루야!" 하고 축복해 줍니다. 그래서 "붙으면 회개하고 떨어지면 감사하라"입니다.

어느 수능시험 날에는 모세가 금송아지를 섬기던 이스라엘 백성을 향해 돌판을 깨뜨리고, 백성을 위해 중보기도하는(출 32:15~35) 출애굽기 말씀을 전했습니다. 그래서 내가 깨뜨려야 할 돌판은 무엇인지, 지금 금송아지 학벌을 짓고 있는지, 아니면 성막을 짓고 있는지에 대해 나누었습니다. 기도회에 나온 학생, 부모 모두 금송아지 학벌을 짓고 있던 자신의 모습을 회개하고 앞으로는 성막 짓는 삶을 살겠다고 결단했습니다. 성막을 짓는 것은 다른 것이 아닙니다. 입시에 붙든 떨어지든 어떤 환경에서도 요동하지 않고 잘 서 있는 것입니다.

자녀교육의 가장 핵심은 큐티

이 땅의 모든 가정이 자녀의 입시에 사활을 걸고 있기에 제 딸의 입시 간증을 좀 하겠습니다. 제가 초등학교 학부모 큐티 모임을 이끌 무렵이었습니다. 당시 저는 잘나가는 예고 강사로서 학부모들을 전도했습니다. 딸이 다닌 초등학교는 전원 예원학교로 진학하는 것이 자랑이고, 항상 수석 입학이 나오는 학교인데, 그해에도 역대 최다 지원자인 30명이 시험을 봤습니다. 그런데 제 딸만 떨어져서 학교의 기록이 깨졌습니다. 오직 예고 강사의 딸만 떨어진 것입니다.

엄마도 멀쩡하고 딸도 멀쩡한데 '왜 하필이면 우리 아이만 떨어지는가?' 했습니다. 딸이 초등학교 3학년 때부터 우리 집에서 학부형 큐티 모임을 인도했기에 더 창피하기도 했습니다. 거기에 모인 엄마들은 대부분 초신자여서 시험이 끝나고 난 뒤 큐티 모임에 아무도 나오지 않았습니다. 그러니 이것이 제게 얼마나 고난이었겠습니까?

시험 보는 날 큐티 말씀에 "보라 내가 속히 오리니 내가 줄 상이 내게 있어"(계 22:12)라고 하셔서 딸에게 "네가 붙어도 떨어져도 상이래" 하고 말해 주었습니다. 다음 날은 욥기 1장을 큐티했는데 "욥이라 불리는 사람이 있었는데 그 사람은 온전하고 정직하여 하나님을 경외하며 악에서 떠난 자더라"(욥 1:1)고 하시더니, "주신 이도 여호와시요 거두신 이도 여호와시오니"(욥 1:21) 하셔서 좀 수상하다 싶었습니다. 그러다 발표 날에는 엘리바스의 말을 통해 "사람은 고생을 위하여 났으니"(욥 5:7)라고 하시고, "하나님은 아프게 하시다가 싸매시며 상하게 하시다가 그의 손으로 고치시나니"(욥 5:18) 하시고, "여섯 가지 환난에서 너를 구원하시며 일곱 가지 환난이라도 그 재앙이 네게 미치지 않게 하시며…… 네가 네 장막의 평안함을 알고 네 우리를 살펴도 잃은 것이 없을 것이며"(욥 5:19, 24)라고 하시더니, "네 자손이 많아지며 네 후손이 땅의 풀과 같이 될 줄을 네가 알 것이라"(욥 5:25) 하셨습니다. 그러더니 그만 중학교 입시에 제 딸만 뚝 떨어진 것입니다.

욥을 정죄하는 엘리바스가 말했어도 그 말씀을 내게 주시는 말씀으로 찰떡같이 알아들었으니 지금까지 그 기억이 생생합니다. 아들도 속을 썩이는 상황에서 딸까지 떨어지니 누가 제 큐티 모임에 오고 싶었겠습니까. 주변의 엘리바스 같은 사람들이 저를 오히려 동정하며 위로했습니다.

딸은 집 근처 일반 학교에 가서 중학교 3년을 독학하다시피 피아노를 쳤습니다. 제가 피아노 전공으로 예고 강사까지 했지만, 저는 피아노를 내려놓았기에 딸의 진학을 위해서 목숨을 걸지는 않았습니다. 이후 딸은 중학교를 졸업하며 서울예고 입학시험을 보았습니다. 그날 딸과 나눈 큐티 말씀이 고린도후서 1장이었습니다.

8 형제들아 우리가 아시아에서 당한 환난을 너희가 모르기를 원하지 아니하노니 힘에 겹도록 심한 고난을 당하여 살 소망까지 끊어지고 9 우리는 우리 자신이 사형 선고를 받은 줄 알았으니 이는 우리로 자기를 의지하지 말고 오직 죽은 자를 다시 살리시는 하나님만 의지하게 하심이라 10 그가 이같이 큰 사망에서 우리를 건지셨고 또 건지실 것이며 이 후에도 건지시기를 그에게 바라노라_고후 1:8~10

말씀을 읽는데, 3년 동안 혼자서 피아노 치느라 고생한 딸이 눈물을 줄줄 흘렸습니다. 하지만 '과거, 현재, 미래에 모두 건지신다'고 하시니 왠지 붙을 것 같더니 드디어 우리 집에도 붙는 역사가 일어났습니다. 화려한 학교에서 모두가 주목하고 있을 때는 똑 떨어지더니, 아무도 쳐다보지 않는 학교에서 서울예고에 척 붙은 것입니다.

그리고 고3이 되었습니다. 딸은 수능을 본 뒤 인대가 늘어나서 팔에 깁스하고 있다가 실기시험 보기 일주일 전에 풀고 복수 지원한 두 학교에서 번갈아 실기를 치렀습니다. 사실 도저히 잘 치기가 어려웠습니다. E대학 실기시험을 치르는 날에는 "그 성은 네모가 반듯하여 길이와 너비가 같은지라"(계 21:16)는 말씀을 주셨고 베토벤 소나타를 쳤습니다. "강 좌우에 생명나무가 있어 열두 가지 열매를 맺되 달마다 그 열매를 맺고 그 나무 잎사귀들은 만국을 치료하기 위하여 있더라"(계 22:2)는 말씀을 주신 날에는 잎사귀같이 음표가 많은 쇼팽의 에튀드를 쳤습니다. 뭔가 말씀대로 되는 것 같아서 기억이 납니다. 그리고 S대 실기시험 날에는 요한복음 1장 45절에서 51절까지의 말씀을 주셨습니다.

> 45 빌립이 나다나엘을 찾아 이르되 모세가 율법에 기록하였고 여러 선지자가 기록한 그이를 우리가 만났으니 요셉의 아들 나사렛 예수니라 46 나다나엘이 이르되 나사렛에서 무슨 선한 것이 날 수 있느냐 빌립이 이르되 와서 보라 하니라 47 예수께서 나다나엘이 자기에게 오는 것을 보시고 그를 가리켜 이르시되 보라 이는 참으로 이스라엘 사람이라 그 속에 간사한 것이 없도다 48 나다나엘이 이르되

어떻게 나를 아시나이까 예수께서 대답하여 이르시되 빌립이 너를 부르기 전에 네가 무화과나무 아래에 있을 때에 보았노라 49 나다나엘이 대답하되 랍비여 당신은 하나님의 아들이시요 당신은 이스라엘의 임금이로소이다 50 예수께서 대답하여 이르시되 내가 너를 무화과나무 아래에서 보았다 하므로 믿느냐 이보다 더 큰 일을 보리라 51 또 이르시되 진실로 진실로 너희에게 이르노니 하늘이 열리고 하나님의 사자들이 인자 위에 오르락 내리락 하는 것을 보리라 하시니라 _요 1:45~51

인대가 늘어난 손으로 피아노를 쳤으니 두 군데 다 떨어질 판인데 왠지 큰 일을 보이신다고 하니 E대는 떨어지고 S대에 붙나 싶었습니다. 그래서 딸에게 "하나님의 사자들이 오르락내리락하는 것을 본다고 하니, 크고 영적인 일을 보이시겠다" 하고 말하려다 "얘, 붙고 떨어지는 것이 문제가 아니라 더 크고 기이한 영적인 일을 보이신대" 하고 해석해 주었더니 말이 씨가 되었는지 둘 다 똑 떨어졌습니다.

그래서 재수를 하게 되었습니다. 지나고 보니 딸아이는 당시 큐티 전도사로 재수학원에 파송됐던 것 같습니다. 어릴 때부터 함께 큐티하고 말씀을 나눠도 친구들 양육은 못 하더니 재수하면서 친구들을 양육하게 된 것입니다. 아침에 저와 나눈 큐티를 친구에게 전해 주니 친구들이 좋아하며 날마다 하자고 했답니다. 그 후부터 딸은 저와 큐티할 때 더 진지해지고, 더 열심히 들었습니다. 모임에 참석하는 친구들이 한 명, 두 명 늘어날 때마다 얼마나 기뻐했는지 모릅니다. 그래서 7명까지 늘었습니다. 딸은 실기 준비까지 해야 했기 때문에 시간이 늘 부족했지만 아침에 한 시간, 점심때 한 시간, 저녁때 한 시간 그렇게 하루 세 시간을 온전히 하나님께 드렸습니다.

그런데 그해부터 비교 내신제가 시행되면서, 수능 성적으로 내신 평가를 대신한다는 소식이 들렸습니다. 그러면 예고 출신 아이들은 수능 성적이 좋으니 모두 1등급이 될 수 있었습니다. 그런데 그다음 날 재수생은 제외라고 했습니다. 고3 아이들이 거의 1등급이 되는 형국이니 그해 재수생은 거의 전멸할 수밖에 없었습니다. 기가 막힌 일이 일어난 것입니다. '비켜 가도 어찌 저리 비켜 갈 수 있는가' 한탄이 되었습니다. 너무나 실망한 딸은 하는 수 없이 원치 않는 학교에 지원했습니다. 특차도 경쟁률이 치열해서 그리 쉬운 것이 아니었지만, 딸이 실기시험을 준비하는 모습은 교만 그 자체였습니다.

그날 아침 딸이 실기시험을 보러 가는데 "주 예수 그리스도의 은혜와 하나님의 사랑과 성령의 교통하심이 너희 무리와 함께 있을지어다"(고후 13:13)라는 말씀을 주셨습니다.

이것을 같이 읽고 맨 마지막에 축도하면서 "너희 무리가 심사위원 아니겠니? 성부, 성자, 성령의 은혜가 너희 무리에게 함께 있을지어다 했으니 너는 심사위원을 감동시키면 되는 거야. 틀리는 것은 상관없으니 감동을 드려라"고 했습니다. 그렇게 가서 시험을 봤는데 딸이 시험을 잘 치르고 와서는 "이렇게 된 바에야 수석을 해야겠다"고 했습니다. 그리고 다음 날 아침에는 시편 23편을 같이 읽었습니다.

1 여호와는 나의 목자시니 내게 부족함이 없으리로다 2 그가 나를 푸른 풀밭에 누이시며 쉴 만한 물 가로 인도하시는도다_시 23:1~2

여기까지는 참 좋았습니다. 그런데 4절에 "내가 사망의 음침한 골짜기로 다닐지라도"라는 구절이 나왔습니다. "여호와는 나의 목자 시니"에서 은혜를 받기 원하는 마음이 너무 있지만 "사망의 음침한 골짜기"를 읽으면서 왠지 수상한 마음이 들었습니다. '얘는 수준이 너무 높으니 사망의 음침한 골짜기에서 좀 걸리지 않을까' 싶었습니다. 그랬는데 "해를 두려워하지 않을 것은 주께서 나와 함께 하심이라 주의 지팡이와 막대기가 나를 안위하시나이다 주께서 내 원수의 목전에서 내게 상을 차려 주시고 기름을 내 머리에 부으셨으니 내 잔이 넘치나이다"(시 23:4~5)라고 했으니, 어떤 경우라도 푸른 초장으로 인도해 주시기를 기도했습니다.

딸은 첫날은 시험을 잘 치르고 왔습니다. 그런데 둘째 날 실기에서는 진짜 '사망의 음침한 골짜기를 헤매는' 일이 생겼습니다. 그것도 재수해서 1년이나 더 친 자신 있는 곡을 두 곡 쳤는데, 한 곡에서는 멈추고, 한 곡에서는 헤매는 어마어마한 실수를 한 것입니다. 딸은 집에 돌아오자마자 방문을 닫아걸고 꺼이꺼이 울었습니다. 딸이 그렇게 펑펑 운 것은 그때가 처음이었습니다. 재수하기 전 첫 대학 입시에서 인대가 늘어나 떨어진 것도 해석이 되었는데, 낮추고 낮추어 간 대학 실기시험에서 실수하니 해석이 안 되었습니다. 일반 중학교 아이들이 좀처럼 합격하기 힘든 예고도 백(back)도 없이 들어간 딸인데, 이 일은 도무지 해석이 안 되었습니다.

제가 방문을 두드리는 소리를 듣고도 딸아이는 통곡하면서 문을 열어 주지 않았습니다. 정말 제 인생에서 가슴 철렁한 일이었습니다. 저도 이런데 어린 딸이 이것을 어떻게 해석할 수 있겠습니까. 어려서부터 교회 다니고 큐티했어도 딸에게 어떻게 해석하게 해야 할지 저도 마음이 아렸습니다.

딸은 다음 날부터 집에서 두문불출하며 밥도 물도 먹지 못했습니다. 그런데 이 세상에 한계가 있는 고난을 당하는 것이 정말 축복인 것 같습니다. 딸이 혼자 새벽기도를 간 것입니다. 그리고 울면서 하나님께 따졌습니다.

"제가 조금 교만했다고 이렇게 혼내실 수 있습니까? 제가 원치 않는 대학에 가게 되었다고 했기로서니, 제가 수석을 좀 해야겠다고 그랬기로서니 이렇게 야단을 치실 수 있습니까?"

새벽기도를 갔다 와서 아침에 딸과 같이 큐티를 하는데, 그날 본문인 시편 24편 4절에서 "뜻을 허탄한 데에 두지 아니하며"라는 구절이 나왔습니다. 다음 날엔 시편 25편 3절에서 "수치를 당하리이다", "내 영혼을 지켜 나를 구원하소서"(시 25:20)라는 말씀이 나왔습니다. 딸이 진짜 수치를 당할 일이 올 것만 같았습니다.

고린도후서 13장, 시편 23, 24, 25편 말씀을 묵상하며, 날마다 말씀으로 인도함을 받고 가는데 드디어 이 시편 25편에서 말씀이 일곱 우레와 일곱 나팔 소리처럼 딸한테 들린 모양이었습니다. 드디어 딸의 B.C., A.D.가 나누어지는 시간이 온 것입니다. 그날 딸은 눈물이 폭

포수처럼 터졌습니다.

딸은 "학창 시절 교회에서 반주자로 봉사하며 주의 일을 한다고 생각했지만 사실은 주의 일을 할 생각이 하나도 없었습니다. 하나님, 이제 주의 일을 하겠습니다. 하나님, 저를 용서해 주세요. 이제 정말 주의 일을 하겠습니다"라고 회개했습니다. 저는 딸의 손을 붙잡고 "네가 S대 간 것보다 백배 기쁘다. 왜 주의 일을 못 하겠니? 왜 선교를 못 하겠니? 얼마든지 다 잘할 수 있으니 염려 마라. 하나님이 너를 크게 쓰실 것이다"라고 위로했습니다.

그리고 그날 저는 한 선교사 모임에서 이 간증을 했습니다. "정말 S대 붙은 것보다 너무나 기쁘다. 딸이 너무 모범생이라 주님을 만나기 쉽지 않았는데, 이렇게 땅끝까지 내려가서 입이 바짝 타고, 아무것도 된 일이 없는 고난 가운데서 허락하신 주의 일을 하겠다고 서원하니 너무 감사하다"는 간증을 했습니다.

그러자 어떤 집사님이 "떨어지는 것이 기쁘다는 소리 좀 그만했으면 좋겠어요. 전혀 은혜가 안 돼요. 어떻게 날마다 그렇게 떨어지는 것만 가지고 기뻐합니까? 그럼 뭐 하려고 큐티합니까?"라고 했습니다.

물론 틀린 말은 아닙니다. 얼마든지 그렇게 생각할 수 있습니다. 하지만 딸이 중학교도 떨어져 보고, 대학교도 떨어져 본 것은 모두 약재료로 쓸 수 있도록 하나님이 역사하신 것입니다.

그런데 진짜 역사는 그다음에 일어났습니다. 딸이 대학에 떨어진 사건을 간증한 후 집에 돌아왔는데, 딸이 합격했다는 소식을 들었습니다. 있을 수 없는 일이었습니다.

'틀리기도 하고 연주 도중에 멈추었는데 어째서 붙었나?' 해서 그 대학 입시 채점 선생님을 수소문해서 딸에 대해 물어보았습니다. 그랬더니 "아, 틀리고 멈춘 애!" 하고 딸을 금방 기억했습니다. 실기시험 때 그런 애가 하나도 없어서 기억에 남았다는 것입니다. 그러고는 "그 아이가 음악성이 너무 좋았어요. 떨어뜨리면 학교가 손해라는 생각이 들었어요. 그래서 어떻게든 턱걸이로라도 붙기만 하라는 마음으로 최고점을 줬어요"라면서 "내가 누군지도 모르는데 최고점을 줬잖아요?" 하는 것이었습니다. 믿기지 않아서 다른 선생님께도 전화해 알아보았더니 그 선생님도 토시 하나 바꾸지 않고 똑같은 말을 했습니다. 그래서 떨어지기는커녕 훌륭한 성적으로 붙은 것입니다.

그날 고린도후서 13장 13절 말씀처럼 '틀려도 심사위원들을 감동시켜라'는 말이 그대로 이루어진 것입니다. 눈깔사탕 하나 안 받은 심사위원이 다 감동해서 그 대학교수에게 레슨 한번 안 받은 아이에게 최고점을 준 것입니다.

그러니 입시의 주인도 우리 주님이십니다. 붙고 떨어지는 것도 그때그때 말씀이 있으니 해석이 되는 것입니다.

이후 딸은 신입생 MT 때 선배 언니에게 "원치 않는 대학에 교만하게 다닐 뻔했는데, 낮아지게 하셔서 감사하며 다닐 수 있게 역사하셨습니다" 하고 간증했습니다. 그랬더니 신입생 대표로 나가서 간증하라고 해서 또 그렇게 했습니다. 그런데 이번에는 학교 신문사에서 그 이야기가 너무 기막히다며 학교 신문에 딸의 간증을 실었습니다.

딸아이는 간증문 마지막에 이런 글을 썼습니다.

나는 수험 생활을 앞둔 후배에게 '건강관리를 잘해라, 어떤 참고서를 보라'고 말하고 싶진 않다. 무엇보다도 성령을 체험하는 수험 생활이 되기를 바랄 뿐이다. 성령이 역사하시면 능력이 생긴다. 공부하는 데, 그리고 인간관계에, 전도에, 믿음에…… 상상할 수 없을 정도로 한계가 없으신 하나님이 우리를 당신의 일에 적합한 사람으로 만들기 위해 엄청난 능력을 부여하신다.

교회 나오고, 예수 믿고, 학생부 임원을 하고, 성경 읽는 것이 전부는 아니다. 성령으로 다시 태어나는 사건이 있어야 한다. 그리고 성령을 체험한 사람은 그 영혼의 샘이 고갈되지 않도록, 전과 다른 삶을 살도록 늘 기도해야 한다.

나는 본격적인 수험 생활을 하기 전에 자신과 하나님과의 관계를 바로 잡으라고 말하고 싶다. 특히 큐티 모임은 큰 은혜를 주는, 내 신앙생활의 원동력이다. 모두가 합격을 바라는 마음에 의지할 대상을 찾는다. 이때 하나님을 의지하는 내가 얼마나 평안을 누렸는지 보일 수만 있다면 시험이 끝나고도 친구들을 하나님께로 인도할 수 있을 것이다. 마지막으로 학교에서 성경 말씀을 나눌 수 있는 친구를 만들라고 말해주고 싶다. 혼자보다 같이 나눌 때 더 풍성한 은혜를 누릴 수 있기 때문이다.

딸은 대학에서뿐 아니라 대학원에서도 큐티 모임을 인도했습니다. 정말 더 크고 영적인 일을 딸에게 보이신 것입니다. 지금은 목회자의 아내가 되어 사명을 감당하고 있습니다.

딸이 무언가 되어서 이런 이야기를 하는 것이 아닙니다. 이후에도 딸의 인생에 6가지 환난, 7가지 환난이 계속 오고 갔습니다. 그렇게 은혜로 대학에 붙었지만, 간증이 무색하게 뒤늦은 사춘기로 방황하고 힘들어하기도 했습니다. 그러나 그런 가운데서도 큐티 모임을 하고, 교회를 열심히 섬겼습니다. 결혼 후 여러 번 유산해서 우울증에도 걸렸습니다. 딸은 엄마가 돌보지 않아서 우울증에 걸렸다지만, 그때마다 말씀을 기억하고 일어섰습니다. 이 일로 저와 딸은 우울증에 대해서 누구보다 체휼하는 자가 되었습니다.

딸과 제가 모든 사람을 살리려고 걸어가는 가족이 된 것 같아 정말 감사합니다. 이것이야말로 심히 창대하게 되는 것이 아니고 무엇이겠습니까. 이렇게 날마다 말씀으로 인도함을 받아 가는 것이 '심히 창대하리라'의 인생인 것입니다.

떨어지면 떨어지는 대로, 붙으면 붙은 대로 그날 말씀을 기억하면 이것이 심히 창대해지는 길입니다. 다른 무엇보다 어떤 상황에서도 때마다 말씀을 보았다는 것이 중요하기 때문입니다.

똑똑한 아이들이 입시에 떨어지면 지옥을 살면서 죽는다고 난리를 칩니다. 그런데 그때 큐티하자고 하면 평소 안 하던 걸 그때부터 할 것 같습니까? 제 딸은 어릴 때부터 했기 때문에 아무리 죽어 가도 큐티는 꼭 했습니다. 이것이 '할렐루야'인 것입니다.

"너희가 내게 묻기를 내가 용납하지 아니하리라"(겔 20:31)는 말씀처럼, 무슨 일이 생긴 후 말씀을 보면 그 뜻을 하나도 모릅니다. 이럴 때를 대비해서 어려서부터 큐티 훈련을 시켜 놓으면 진짜 문제가 생겼을 때 말씀이 들리기 시작합니다. 자립 신앙이 생기기 시작하는 것입니다. 어떤 프로그램보다 중요한 것은 자립 신앙으로 말씀을 보는 것입니다. 그러면 어디를 내보내도 안심이 됩니다. 설교만 듣는다고 변하는 것이 아닙니다. 설교를 듣고, 내가 말씀 묵상을 해야 합니다. 그래서 자녀교육의 가장 핵심은 큐티입니다.

인내로 본을 보이라

자녀를 키우며 매사에 요동함이 없으려면 먼저 부모가 인내로 본을 보여야 합니다. 인내하는 것만으로도 자녀에게 가르쳐 줄 것이 있고, 인내하는 사람이 구속사의 계보에 올라가기 때문입니다.

30 라멕은 노아를 낳은 후 오백구십오 년을 지내며 자녀들을 낳았으며 31 그는 칠백칠십칠 세를 살고 죽었더라 32 노아는 오백 세 된 후에 셈과 함과 야벳을 낳았더라 _창 5:30~32

노아는 500세가 된 후에야 자녀를 낳았습니다. 다른 이들을 보면 아무리 늦어도 200세 전에 자녀를 낳았는데, 노아는 아주 오랜 인내 후에야 자녀를 얻었습니다. 구속사의 계보는 세상적인 관점에서 보면 너무나 박복합니다. 참고, 인내하고, 생활고를 겪어야 하고, 거기에 오랫동안 애도 못 낳았습니다. 하지만 이런 험악한 고난을 받지 않고는 그 삶에서 하나님을 볼 수가 없습니다.

　　잘 먹고 잘사는 역할로 살면 나 하나 믿고 끝나지만, 힘든 역할을 맡아서 평강을 전하면 천 명, 만 명이 믿게 됩니다. 아담 이후 되는 것 없이 '낳고 죽었더라'의 10대가 지난 후 비로소 노아가 나옵니다. 생활고 속에서 태어나 인내하며 자녀를 낳은 노아는 창세기의 찬란한 톨레도트(계보) 중 세 번째 계보를 이루는 믿음의 부모가 되었습니다.

　　저는 4대째 믿음인데 우리 친정엔 아들이 없습니다. 어머니가 헌금도 하고, 전도와 봉사와 구제에 힘쓰면서 아들을 달라고 기도했지만 끝내 하나님이 아들을 주지 않으셨습니다. 그럼에도 불구하고 끝까지 주님을 믿는 연결 고리 역할을 어머니가 하셨기에 부족하지만 오늘의 제가 있는 것입니다. 마찬가지로 이 구속사의 계보에서 단순하게 살면서 하나님과 동행하며 연결 고리 역할을 한 조상들 덕분에 노아가 나왔습니다. 내 자녀를 통해 구속사의 계보를 잇기 위해서도 오래 참는 것 외에는 없습니다. 영적 진실성의 결과는 인내입니다.

　　미국의 스탠퍼드대학에서 '마시멜로 실험'을 했습니다. 네 살짜리 아이들에게 마시멜로를 주면서 15분간 안 먹고 기다리면 하나를 더 준다고 약속했습니다. 3분의 2의 아이들이 먹고 싶은 걸 꾹 참고 기다렸고, 3분의 1의 아이들은 교수가 떠나자마자 마시멜로를 먹었습니다. 15년 후에 그 아이들의 성장한 모습을 조사해 보니, 그때 참고 마시멜로를 먹지 않은 아이들은 대부분 건강하고 참을 줄 아는 아이들로 자랐습니다. 반면 그때 참지 못한 아이들은 스트레스 조절 능력이 약하고, 신경질을 잘 내는 아이들이 되었다는 결과가 나왔습니다.

어려서부터 인내를 가르치는 것이 이렇게 중요합니다. 자녀를 외국으로 유학 보내는 게 답이 아닙니다. 극심한 생활고 가운데서도 인내로 본을 보이는 부모가 되어야 합니다. 노아는 비록 자녀가 없었지만 500세가 되도록 인내하며, 자신의 이름처럼 하나님 품 안에서 쉬고 안식을 누렸습니다. 환경이 변하지 않아도, 자녀가 변하지 않아도 인내하며 하나님만 바라보고 있으면 그 자체가 안식이고 쉼이 될 수 있습니다. 그런 모습을 자녀들에게 보여 주는 것이 바로 믿는 자의 자녀 교육입니다.

부모나 자녀나 다 큐티를 해야 합니다.
내가 내 인생을 마음대로 할 수 없습니다.
자식 인생은 더더욱 마음대로 안 됩니다.
부모도 하나님께 인도함을 받아야 하고
자녀도 인도함을 받아야 합니다.

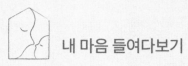

내 마음 들여다보기

Q. 자녀에게 믿음의 본이 되고 있습니까? 믿음의 본이 되기 위해 내가 가장 먼저 적용해야 할 것은 무엇입니까? 삶으로 보여 주는 것은 없으면서 "큐티해라, 기도해라, 인내해라, 용서해라"는 말을 하고 있지는 않습니까? 내가 내 인생을 마음대로 할 수 없듯이 자식 인생은 더더욱 마음대로 안 된다는 것을 인정합니까?

_____

_____

_____

_____

Q. 나의 거룩을 위해 지금 내 자녀는 어떤 수고를 하고 있습니까? 뜻대로 되지 않는 자녀를 통해 내 욕심과 기대를 버리는 빈 들의 훈련을 잘 받고 있습니까? 자녀가 속을 썩이는 가정일수록 그것이 최고의 빈 들임을 감사하게 받아들이고 있습니까?

_____

_____

_____

_____

Q. 내가 자녀교육을 위해 깨뜨려야 할 돌판은 무엇이고, 지어야 할 성막
  은 무엇입니까? 날마다 말씀으로 인도함을 받아 가는 것이 '심히 창대
  해지는 길'임을 믿습니까? 매일 하는 큐티가 신앙생활의 원동력이 되
  고 있습니까?

Q. 내 자녀를 통해 구속사의 계보를 잇기 위해 오래 참고 인내해야 하는
  것은 무엇입니까? 환경이 변하지 않아도, 자녀가 변하지 않아도 인내
  하고 하나님만 바라보며 안식을 잘 누리고 있습니까?

저는 모태신앙인입니다. 고등학교 2학년 때 아빠의 외도가 15년간 이어져 온 것을 알게 되면서 엄마가 우리들교회에 오셨고, 아빠는 집을 나가셨습니다.

아빠가 집을 나가신 후 엄마는 가족사진을 찢고, 깊은 슬픔과 상처로 저와 동생들을 신경 쓰지 못하셨습니다. 첫째 동생은 매일 학교를 조퇴하고 교회를 욕하고 하나님을 부정하고, 막내는 게임으로 도망쳤습니다. 저는 잠만 자면 악몽으로 소리 지르는 엄마와 분노에 찬 동생들, 그리고 내 학비까지 책임져야 하는 현실이 너무 벅찼습니다. 그래도 나까지 무너지면 안 되겠기에 집을 떠나지 않고, 분노와 슬픔을 억누른 채 연민에 빠져 지냈습니다.

엄마는 가정을 회복하고자 끊임없이 노력하셨습니다. 그러나 저는 아빠를 보는 것이 너무 싫었고 아빠에게 무릎 꿇고 사과하는 엄마가 불쌍해서 차라리 이혼했으면 좋겠다고 생각했습니다. 이후 아빠가 집에 돌아오신다는 말을 들으니 아빠랑 살기 싫었습니다. 하지만 엄마가 "엄마에겐 아빠가 제일 우선순위야"라고 하셔서 너무 서러웠습니다. 미운 아빠가 엄마의 일 순위라니, 짜증과 분노가 올라왔습니다.

그러다 교회에서 양육을 받으면서 탕자의 비유를 묵상하며 재산을 받고자 아버지를 섬기며 집에 있었던 맏아들이 바로 저라는 것이 깨달아졌습니다(눅 15장). 저도 갈 곳이 없고 돈이 없으니 어쩔 수 없이 집에 있던 것이었습니다. 가족 모두 욕하고 악을 써도 자리를 지키며 교회 공동체에 붙어 있는 것을 보고 늘 하나님 아버지가 내 집에 함께 하셨음이 느껴져 눈물이 났습니다. 말씀을 들으며 붙어 가니 엄마의 마음이 이해되고 엄마가 하신 적용들이 대단하게 여겨져 감사했습니다.

저도 이제는 아빠의 상처와 외로움이 보이기 시작하니 아빠에게 애통한 마음이 듭니다. 어느 날, 제 간증을 들으신 아빠가 저를 안아 주며 "많이 힘들었지, 아빠가 미안해"라고 눈물로 사과하셨는데 처음 보는 아빠의 진심 어린 눈빛에 마음이 녹았습니다. 하지만 그날도 엄마, 아빠는 또 싸우셨다고 합니다. 이렇게 싸워도 엄마랑 아빠가 이혼하지 않고 깨끗한 족보와 믿음을 제게 물려주셔서 감사합니다.

아빠가 부재중이실 때 입시를 치르며 많이 방황했는데, 지금은 하나님의 은혜로 간호학과를 졸업하고 대학병원에 다니고 있습니다. 하나님을 부정하던 첫째 동생은 교회 공동체에 붙어 가며 대학에 입학했고, 게임만 하던 막냇동생은 청소년부 목자가 되었습니다. 가족 중 제일 죽은 자였던 엄마의 적용으로 저희 가정에 생명의 역사가 일어났습니다. 각자의 자리를 지켜 준 엄마와 동생들, 가정으로 돌아와 주신 아빠에게 고맙습니다. 저희 가족에게 영원한 회복을 주신 (왕하 14:25) 하나님, 감사합니다.

Chapter 6

어려서부터
말씀을 가르쳐야 합니다

신앙생활은 어릴 때부터 하는 것이 좋습니다. 어릴 때는 순수해서 가르침을 의심 없이 받아들이기 때문에 나중에 은혜받기도 쉽고 신앙생활 하기도 좋습니다. 한 통계에 의하면 예수님을 믿고 구원받았다고 하는 연령의 85퍼센트가 18세 이전이라고 합니다. 그만큼 듣고 보는 것을 그대로 받아들일 때가 구원의 확신을 갖기 좋은 때입니다.

물론 이것이 절대적인 것은 아닙니다. 늦은 나이에 믿음 생활을 시작했어도 은혜받고 구원받는 경우도 많습니다. 다만 어릴 때는 순수하게 무조건 받아들이기 때문에 어려서 배운 성경, 어려서 다닌 교회는 인생의 중심이 되기 쉽습니다. 어른들은 자녀 걱정, 생활 걱정이 많아서 예배 시간에 하나님께 집중하기가 어렵지만 아이들은 집중을 잘합니다. 어려서 듣고 배운 말씀은 무엇과도 비교할 수 없는 재산이 되므로 사무엘도 성전에서 키웠듯이 교회에서 아이들을 키워야 합니다. 저도 4대째 모태신앙인으로 교회에서 많은 시간을 보내며 자랐습니다. 모태신앙을 '못해' 신앙이라고들 하지만 은총을 받을 기회가 오면 절대 놓치지 않는 것이 모태신앙의 저력입니다.

자녀의 이름은 부모의 신앙고백

우리나라에서 이름을 지을 때 목화토금수(木火土金水)의 변을 쓰고 가운데 혹은 끝에 돌림자를 쓰는 것은 오행의 원리를 따르기 때문이라고 합니다. 오행의 오운육기(五運六氣)를 바탕으로 아이의 이름을 지어 준다는 것입니다. 고신대에서 한의학을 가르치는 한 교수님의 책을 읽으니 그것은 마치 진화론과 같은 원리라고 합니다. 문제는 바리새인의 전통처럼(마 15장) '오행의 원리'라는 게 전통이 되어서 크리스천이라도 그 원리에 눌려 있다는 것입니다. 장로님이던 시아버지도 제가 결혼할 때 길일을 택했고, 제 아들딸인 손주들 이름을 작명소에서 지어 오셨습니다. 하나님을 믿는다고 하면서도 결혼할 때, 이사할 때 좋은 날을 따지고, '호랑이띠 여자는 이러네, 저러네' 하면서 띠타령을 한 것입니다.

결혼한 딸이 예쁜 손녀를 출산했을 때의 일입니다. 첫딸을 낳고 기뻐하며 어떤 이름을 지을까 궁리하는 딸 부부에게 저는 '상기'라는 이름을 제안했습니다. 서로 상(相)에 기억할 기(記), 먼저 하나님의 은혜를 기억하고, 믿음의 6대손으로 태어났으니 조상을 기억하고, 부모의 은혜를 기억하고, 많은 사람의 도움과 축복 속에 태어났으니 이웃의 고마움을 기억하는 사람이 되라는 뜻입니다. 그 기억을 혼자 가지고 있는 것이 아니라 서로 나누라는 의미에서 '상기'라는 이름을 지은 것입니다.

"남자아이도 아니고 여자아이 이름이 상기가 뭐냐? 자라서 할머니를 원망하지 않겠느냐?"는 말도 많이 들었습니다. 그러나 상기가 여자아이 이름치고는 독특해서 그 뜻을 궁금해할 것이고, 그때마다 자기 이름에 담긴 뜻을 설명한다면 저절로 전도가 되지 않겠는가 생각했습니다. 게다가 생일이 6월 25일인지라 '상기하자 6·25'까지 포함하니 얼마나 기억하기 좋은 이름입니까! 6·25는 슬픈 전쟁입니다. 믿음의 6대가 내려오기 위해서 얼마나 많은 전쟁을 치렀겠습니까. 이것을 기억하라는 것입니다.

하나님은 택하신 자들에게 항상 새 이름을 주셨습니다. 아브람이 아브라함으로, 사래가 사라로 바뀌었고, 큰 자 사울이 예수님을 만난 후 작은 자 바울로 바뀌었습니다. 성경적인 이름은 겸손한 이름입니다. 하나님을 만나서 내가 경험한 은혜를 기억하고, 내 자녀도 하나님 안에서 살아가기를 바라는 소원을 이름에 담을 때 하나님은 그 이름대로 인도하실 것입니다. 제 손녀 상기가 그 이름처럼 하나님을 기억하고, 그 기억을 많은 이들에게 나누는 사람이 되기를 바랍니다.

우리들교회는 비단 저뿐만 아니라, 믿음 안에서 결혼하고 아이를 낳은 부모들은 대부분 성경 말씀을 묵상하고 나서 아이의 이름을 짓습니다. 그래서 유아세례를 받으러 나온 아이들의 이름을 보면 대부분 성경에 입각한 이름이 많습니다. 누가 강요한 것도 아닌데 부모가 신앙고백으로 말씀을 묵상하는 가운데 이름을 짓는 것입니다. 그렇게 지은 이름 중 몇 가지를 소개합니다.

수현이라는 이름은, 아이가 태어난 날 '출애굽기의 흑암 재앙 가운데 이스라엘 백성이 거주하는 곳에는 빛이 있었다'는 말씀을 읽고 짓게 되었다고 합니다(출 10:21~23). 말씀처럼 환경이 흑암이고 재앙이어도 빛으로 지키시는 주님을 생각하라는 뜻에서 '지킬 수, 밝을 현'을 사용해 수현이라 지었다는 것입니다.

진영이라는 이름은, 진영이가 태어난 날 예수님이 고발당해 빌라도에게 심문받는 내용(눅 23:1~12)의 말씀을 읽고 진리에 대해 증언하고 진리에 속해 예수님의 음성 듣기를 바라는 마음에서 '진리를 듣다, 깨닫다'라는 의미를 담아 진영이라고 지었다고 합니다.

시온이라는 이름은, 유산 후에 얻은 아이가 다시 조산기가 있어 입원했을 때 스가랴서 2장 1절에서 13절을 읽고 짓게 되었다고 합니다. 고난의 때를 잘 보내고 돌아온 이스라엘 백성에게 하나님께서 사랑으로 시온이라 부르신 것처럼, 시온이가 세상의 고난 가운데 있을지라도 회개의 열매로 날마다 회복되길 바라는 마음으로 지었다는 것입니다.

하주라는 이름은, '허물 하, 아뢸 주'로 입다가 여호와 앞에 고한 것처럼(삿 11:11) 하주도 자신의 허물을 공동체와 여호와 앞에 고하는 인생이 되기를 기도하며 이름을 지었다고 합니다.

내 양육 비결은 오직 큐티

성경은 하나님의 감동으로 된 책입니다. 사도 바울이 디모데에게 너는 어려서부터 성경을 알았다(딤후 3:15)고 한 것처럼, 하나님의 감동이 임하면 어려서부터 자기 실상을 파악하고 자기 주제를 알게 됩니다. 우리들교회 주일학교 학생들의 큐티 나눔 중에 "내가 게임 중독인 것을 알았다. 내 주제가 학생인데 학생의 본분인 공부는 하지 않고 게임에만 빠져 있었다"고 고백한 내용이 있습니다. 말씀으로 자기 실상을 본 것입니다.

죄 안 짓는 아이들이 어디 있습니까? 성경은 "우리 모두가 죄인이고 어려서부터 악하다"(창 8:21)고 말씀합니다. 겉으로 보기에 착하고 공부를 잘한다고 해서 내 아이의 실상을 착각해서는 안 됩니다. 우리는 다 하나님의 은혜가 아니면 선을 행할 수 없는 죄인입니다. 어려서부터 인간의 본성을 알고 내 실상을 알도록 성경을 가르쳐야 합니다.

저는 자녀를 키울 때 유별난 비결이 없었습니다. 특별한 게 있다면, 아이들과 큐티를 같이한 것이었습니다. 특별한 과외를 시킨 것도 아니고, 엄하게 훈육하며 가정교육을 한 것도 아닙니다. 다만 큐티를 억지로라도 하게 했습니다.

딸은 입시에서 계속 떨어지고, 아들은 '잠병'에 걸린 게 아닌가 의심될 정도로 잠만 자서 새벽 큐티 모임을 만들었습니다. 아들이 잠을 자도 방문을 똑똑 두드리고 큐티하자고 했습니다. 하루 종일 잠만 자서 인생이 끝나 보이고, 대학도 못 갈 것 같던 아들이 신학을 공부해서 지금은 목사가 되었습니다. 저는 아들의 미래가 보이지 않는 중에도 오직 큐티로 말씀을 가르치며 바라던 것이 있습니다. 그 아들이 이제 바라던 것의 실상이 되었고, 보이지 않던 것의 증거가 되었습니다(히 11:1). 세상적으로는 부족해 보일지라도 내 자녀가 이렇게 훌륭한 영적 후사가 된 비결은 따로 없습니다. 오직 큐티입니다.

1992년 12월 22일, 벌써 오랜 시간이 지났는데도 저는 그 날짜까지도 잊지 못합니다. 아들이 첫 수능시험을 치르러 가는 날 아침에 큐티를 하는데 "장차 받을 환난을 너희에게 미리 말하였는데 과연 그렇게 된 것을 너희가 아느니라"(살전 3:4)는 말씀으로 시작되었습니다. 아들이 "엄마, 조짐이 수상하잖아?"라고 했고 저 역시 조짐이 이상하다고 느꼈습니다.

아들은 마지막 모의고사를 치를 때 3일 동안 금식도 했습니다. 하지만 달라지는 건 없었습니다. '인생이 힘든' 아들은 고1 때 처음 금식했는데, 우리 집안 식구 중에 장로님들도 금식을 해 본 사람이 없었습니다. 그러니 아들의 금식은 당시 굿 뉴스였습니다. 이후에도 힘든 일이 있으면 "금식할까?" 했는데, 제가 보기에 그것은 금식이 아니라 '굶식'이었습니다. 그럼에도 한창때 금식한다는 게 보통 일은 아니지 않습니까.

아무튼 그런 아들이 수능시험이 가까워져 오니까 또 "금식할까?" 했습니다. 그러나 여전히 성경도 안 보고, 공부도 안 했습니다. 금식을 하면 자기 죄를 보고 애통해야 하는데, 그게 안 됐습니다. 자기는 욕심도 안 부리고 도둑질도 안 했으니 아무리 생각해도 회개할 게 없다고 했습니다.

저는 아들의 금식을 말리지 않았습니다. 오히려 "네가 금식하는 것이 대학에 붙은 것보다 기쁘다"고 했더니, 아들은 금식을 하면서 매일 큐티할 때마다 "아멘! 아멘!" 했습니다. 그게 너무 예쁘고 귀여워서 저도 아들이 대학에 붙기를 간절히 원했고 "제일 좋은 결론으로 인도해 달라"고 하나님께 기도했습니다.

이러므로 나도 참다 못하여 너희 믿음을 알기 위하여 그를 보내었노니 이는 혹 시험하는 자가 너희를 시험하여 우리 수고를 헛되게 할까 함이니_살전 3:5

그러나 수능시험 보는 날 말씀이 "시험하는 자가 시험을 한다"고 했습니다. 저는 아들에게 "금식을 세 번이나 했는데 성적이 안 좋아 좋은 대학에 못 가면 어떡할 거냐?"고 물었습니다. 아들의 믿음이 어떠한가를 알기 위한 질문이었습니다. 그랬더니 아들은 "금식해도 큐티가 잘 안되는 걸 어떡하느냐"고 했습니다. 다시 말해 안 깨달아져서 못 한다는 것입니다. 그렇습니다. 금식을 세 번이나 했어도 안되는 걸 어쩌겠습니까? 금식해서 될 것 같았지만, 결국 하나님은 아들을 통해 안되는 모습을 보여 주셨습니다.

지금은 디모데가 너희에게로부터 와서 너희 믿음과 사랑의 기쁜 소식을 우리에게 전하고 또 너희가 항상 우리를 잘 생각하여 우리가

너희를 간절히 보고자 함과 같이 너희도 우리를 간절히 보고자 한다 하니 _살전 3:6

아들은 놀러 다니거나 엄마를 속이거나 어디 가서 사고를 친 적이 없습니다. 그저 잠을 많이 잔 것뿐입니다. 어릴 때부터 잠이 많았습니다. 일찍 자고 늦게 일어나고……. 진짜 이 잠병이 안 고쳐질 것 같았습니다. 잠을 이기지 못하니 수능 성적이 좋을 리 없었습니다.

저는 "엄마의 수고를 헛되게 하는 것은 교회도 안 나가고 큐티도 안 하는 것인데 앞으로 어쩔 거냐?"고 물었습니다. 그런데 아들의 대답이 저를 기쁘게 해 주었습니다. "난 계속 큐티를 할 거고, 엄마를 신뢰할 거야. 공부 안 해서 떨어지는 건 당연하지. 근데 만약 떨어져서 재수하면 더 좋은 대학 가라는 하나님의 음성이야" 하며 열심히 해 보겠다고 했습니다. 그렇습니다. 어떤 일이 있어도 성경을 간절히 보고자 하고, 하나님을 간절히 찾고자 할 때 시험을 이길 수 있습니다.

이러므로 형제들아 우리가 모든 궁핍과 환난 가운데서 너희 믿음으로 말미암아 너희에게 위로를 받았노라 _살전 3:7

이것이 저의 고백입니다. 남편이 죽고 나서 저의 인생은 계속 환난이었고 궁핍도 있었습니다. 그런데 아들과 이런 나눔을 하는 것 자체가 제게는 큰 위로가 되었습니다. 그야말로 하나님이 안 된 일로 찾아오셔서 위로해 주신 것입니다.

그런데 참 감사한 것은 아들이 잠이 많아서 제 일생이 힘들었는데, 제 며느리가 같이 잠을 많이 자는 것입니다. 그러다 보니 며느리가 잠 많이 자는 아들을 타박할 일이 없습니다. 어떻게 이럴 수가 있습니까? 며느리는 자기 인생도 힘들고, 자기도 생각보다 안되는 게 많고, 안 깨달아지니까 마치 리브가처럼 적용을 했습니다.

"제가 물을 길어서 먹이겠습니다."

백수에 잠도 많은 남편이 어찌 좋기만 하겠느냐만 며느리는 날마다 말씀을 나누니까 자는 모습만 봐도 좋다고 했습니다. 이게 웬 복입니까?

아무튼 아들은 학교도 졸업하고, 결혼도 하고, 목사도 되고, 나름 이룰 것은 다 이루었습니다. 그런 아들을 저는 한때 문제아라고 생각했습니다. '잠을 좀 많이 자긴 해도 그렇다고 또 못한 게 뭐가 있는가?' 하면 되는데, 제가 잠을 많이 안 자니까 잠 많은 아들 꼴을 보기가 힘들었습니다. 저 역시 문제 부모였던 것입니다.

어려도 큐티할 수 있다

아이들이 큐티한 내용을 보면 어려도 말씀을 해석하고 적용하는 능력이 있다는 걸 알 수 있습니다.

저의 광야와 같은 고난은 아빠가 집을 나가신 거예요. 엄마, 동생과 함께 아빠가 돌아오시길 기다리고 눈물로 간절히 기도한 지 3년이 되어 가요. 그래서인지 예수님이 광야에서 시험받으신 40일이 짧은 것처럼 느껴졌어요(막 1:13). 3년을 기다려도 아빠가 돌아오지 않으시니 '과연 하나님이 계시는 걸까'라는 의심이 들었어요. 그런데 오늘 말씀에 "때가 찼고 하나님의 나라가 가까이 왔으니 회개하고 복음을 믿으라!"(막 1:15)고 하셔서 하나님을 의심했던 마음을 회개하게 되었어요. 아빠의 구원을 위한 기도를 하나님께서 듣고 계실 거라 믿고, 하나님의 때를 잘 기다릴래요. 또 의심하는 마음이 생기면 큐티하면서 회개하고, 예수님을 따르는 우리 가족이 되도록 기도할게요. 제 적용은, 기도한 후에 아빠에게 집으로 들어와 달라고 간절히 부탁드려 볼래요.

저는 두려움의 옷을 벗고 싶어요. 저의 고난은 두려움이에요. 집에서는 부모님께 사랑받지 못할까 봐 두려워요. 학교에서는 선생님의 질문에 틀리게 대답하면 친구들이 놀릴까 봐 두려워요. 그래서 대답하지 못하고 가만히 있을 때가 종종 있어요. 학교에서 시험을 봤는데 점수가 낮아서 엄마한테 혼날까 봐 두려워서 시험지를 학교 쓰레기통에 버리고 왔어요. 그러고 나서 또 두려웠어요.
다윗은 엄청난 고난으로 힘들 때 하나님을 의지하며 변함없는 사랑으로 구해 달라고 기도했는데 다윗의 기도를 하나님이 들어주셨어요. 저도 두려움이 생기려고 할 때마다 이제는 피하지 않고 하나님을 의지하며 다윗처럼 도와달라고 기도해야겠어요. 제 적용은, 아침마다 큐티하며 하나님께 저의 두려운 마음을 고백할게요.

둘 다 초등학교 2학년 아이들이 쓴 글입니다. 어려도 알 거 다 알고 있습니다. 큐티를 하니 그렇습니다. 자녀교육도 큐티가 우선입니다. 말씀 하나면 됩니다. 말씀이 없으면 우리는 이 땅에서 어떻게 살아갈지를 모릅니다. 두려움의 문제도 마찬가지입니다. 어른이나 아이나 늘 두려움 속에서 삽니다. 스스로 통제한다고 하지만 온전히 그 두려움을 떨칠 수 없습니다. 그런데 초등학교 2학년 아이가 하나님만이 나의 두려움을 해결해 주신다는 것을 알고 있습니다. 엄마도 아빠도 아닌, 하나님을 의지하면 그 모든 두려움을 떨칠 수 있다는 것을 말씀을 통해 깨달은 것입니다.

성경에는 "두려워하지 말라"가 365번이나 나옵니다. 하루에 한 번씩 두려워하지 말라고 합니다. 저 역시 어릴 때부터 두려움이 많았습니다. 이 두려움 때문에 하나님께 기도했던 것 같습니다. 그만큼 하나님을 믿고 의지했기 때문입니다.

순수하고 연약한 아이들에게 믿음은 든든한 '백'입니다. 그 믿음보다 더 든든한 유산은 없습니다. 그래서 믿음을 심어 주는 큐티보다 더 훌륭한 자녀교육은 없습니다.

저는 아빠의 바람 사건으로 엄마와 함께 교회에 오게 되었어요. 그때는 어린 나이라서 힘든 줄도 몰랐는데 크면서 아빠의 잘못을 알게 되었어요. "만일 네 손이 너를 범죄하게 하거든 찍어버리라"(막 9:43) 하셨는데 저는 용서하는 법도, 죄를 버리는 법도 몰랐기에 그 일로 아빠를 무시하고 복수하겠다는 생각을 했어요. 하지만 교회 공동체와 주일학교 선생님과 목사님이 도와주셔서 아빠를 이해하게 되었고 긍정적으로 일상생활을 할 수 있게 되었어요.

또 제가 2학년 때 중국에서 왔다는 이유로 친구들에게 왕따를 당한 적이 있어요. 그때 털어놓을 곳이 없어서 힘들었지만, 공동체에 잘 붙어 있었더니 지금은 상처가 많이 회복된 것 같아요. 저를 도와주시고 힘이 되어 주신 하나님과 공동체에 감사해요.

초등학교 6학년 아이가 쓴 글입니다. 놀랍지 않습니까? 아이는 같은 아픔이 있는 친구에게 자신의 이야기를 하며 전도하겠다고 했습니다. 큐티를 통해 자신의 아픔이 아픔으로 끝나지 않고, 다른 사람에게 나눌 생각을 한 것입니다.

이처럼 우리들교회는 아이 어른 할 것 없이 모든 세대가 같은 큐티 본문으로 말씀을 묵상합니다. 큐티하며 말씀으로 양육된 자녀는 영적 후사가 될 기본 소양을 갖추게 됩니다. 영적 후사를 낳는 비결이 큐티 속에 숨어 있습니다.

지금이라도 늦지 않았다

유대인들에게나 한국의 부모들에게나 가장 큰 우상은 자녀입니다. 자녀를 품 안의 젖먹이로만 끼고 살려니까 난리가 났을 때 가장 올무가 되는 것이 자녀입니다. 자녀 때문에 이사도 못 하고, 자녀 때문에 부부생활도 안 하고, 자녀 때문에 교회 활동도 못 합니다. 그런데도 자녀가 마음대로 안 되니까 화가 나고, 말 그대로 화병이 생깁니다.

지금이라도 빨리 자녀를 주께로 인도해야 하는데 '지금은 공부가 중요하니까 나중에 대학 가면 예수 믿게 해야지' 하는 부모가 많습니다. 입시라는 그 급한 상황에서도 믿음으로 양육할 생각은 안 하고, 대충 교회만 가 줘도 대단하게 생각하는 것이 우리의 모습입니다. 자녀 자신이 절박함을 느끼는 입시 때만큼 예수님을 만나기 좋은 때가 없습니다. 이때 잘 인도하고 말씀으로 양육해야 합니다. 중·고등학교 때는 규칙적인 생활을 하기 때문에 큐티하기도 좋습니다. 대학에 들어가면 나가는 시간, 들어오는 시간도 들쑥날쑥하고 간절한 기도 제목도 별로 없어서 말씀으로 양육하기가 쉽지 않습니다. 그때 시작하려면 이미 늦은 것입니다. 수험생이라고 무조건 공부만 하게 하고 육적으로 먹여 주고 입혀 줄 생각만 하면 결국 자녀 때문에 통곡할 일이 생길 수 있다는 걸 알아야 합니다.

사람이 거듭나기 가장 좋은 나이가 열두 살이라고 합니다. 초등학생 때입니다. 어린 자녀들을 두었다면 이때를 놓쳐서는 안 됩니다. 제가 늘 하는 이야기인데, 아이들도 쥐새끼 때 잡아야지 나중에 돼지가 되면 못 잡습니다. 호랑이가 되면 더 못 잡습니다. 돼지같이 돈 많이 벌고, 호랑이처럼 권세를 가지면 그 누구라도 못 잡습니다. 그러니 어려서 잡아야 합니다. 청소년 때까지는 목숨 걸고 자녀가 예배드리도록 해야 합니다.

어려서부터 기독교적인 가치관을 심어 주지 않으면 바위처럼 완고해져서 좀처럼 깨지기가 힘듭니다. 공부를 잘할수록 반(反)기독교적인 세상의 교육에 젖게 되어 힘든 인생을 살게 됩니다. 딱딱한 바위를 깨려면 강한 망치로 내리쳐야 합니다. 딱딱한 가치관이 깨지려면 정말 힘든 사건이 와야 합니다. 그러기 전에는 절대로 깨고 나올 수가 없습니다.

313년 로마 황제가 기독교를 공인하고 380년에는 국교로 지정했습니다. 그토록 기독교를 핍박하던 로마가 300여년 만에 기독교에 의해 무너진 것입니다. 내가 키운 자녀, 그 자녀의 자녀, 자녀의 자녀의 자녀…… 300년 동안 증손자, 고손자가 나와서야 비로소 로마가 기독교에 무너졌습니다. 지금 내 배우자의 믿음이 안 자란다고 절망하지 마십시오. 내 배우자가, 내 자녀가 지금 안 되면 나중에 손자, 증손자에게서라도 그 싹은 반드시 돋아날 것입니다.

"그 날에는 아이 밴 자들과 젖 먹이는 자들에게 화가 있으리로다"(마 24:19)라고 했습니다. '아이 밴 자'는 아직 해산하지 못한 자를 말합니다. 예수 그리스도를 믿었지만 단 한 사람도 구원으로 인도하지 못한 자가 아이 밴 자입니다. 그리고 '젖 먹이는 자'는 구원으로 인도하긴 했지만 양육하지 못한 자를 말합니다. 이런 자들에게는 화가 있다고 하십니다. 결국 환난의 이유는 구원의 확신이 없고, 양육을 안 하고 있기 때문임을 알 수 있습니다. 환경이 안 좋아서가 아니라 구원이 뭔지도 모르고, 확신도 없기 때문에 내 사건이 구원으로 연결되지 못하는 것입니다.

지금 어느 단계에 머물러 있습니까? 아이 밴 자나 젖 먹이는 자의 단계입니까, 아니면 아예 잉태조차 못 하고 있습니까? 전도의 열매도 없고, 양육도 하고 있지 않다면 내 구원의 확신을 점검해 봐야 합니다. 육신의 자녀에게 실제적인 도움이 되고 싶다면 내가 먼저 아이 밴자, 젖 먹이는 자의 단계에서 벗어나야 합니다.

부모가 가르쳐야 할 것, 순종

그렇다면 자녀에게 무엇을, 어떻게 가르쳐야 할까요? 순종을 가르쳐야 합니다. 부모에게 순종하는 것은 하나님의 창조 질서이자 자연 질서이므로 자녀는 당연히 생명을 주신 부모에게 순종해야 합니다. 그런데 순종하기가 참 어렵습니다.

변호사이면서 자비량 사역도 하는 '양손잡이 크리스천' 주명수 목사님은 채 돌이 되기도 전에 부모님이 이혼하셨다고 합니다. 육지에서 한참 떨어진 섬마을에서도 산을 세 개나 넘어야 하는 깡촌에서 그것도 1950~1960년대에 이혼이라니, 목사님은 부모님을 이해할 수도 용서할 수도 없었습니다.

그러다 예수를 믿은 후 '내가 예수를 믿는 게 확실하다면, 나에게 육적 생명을 주신 부모님께 순종하지 않을 수 없다'는 것을 깨닫게 되었고 그제야 부모님을 용납하게 되었습니다.

자녀들아 모든 일에 부모에게 순종하라 이는 주 안에서 기쁘게 하는

것이니라_골 3:20

'순종하다'의 원어 '휘파쿠오'는 '아래에서 듣다, 철저히 복종하다'라는 뜻입니다. 아내가 남편에게 하는 '휘포타소'보다 훨씬 더 강한 의미를 나타냅니다. 부모에 대한 순종이 하나님에 대한 순종과 연결되어 있기 때문입니다.

'모든 일에'라는 것은 무제한적입니다. 설령 그 일이 옳지 않아도 순종적인 태도로 부모의 명령에 따르는 것을 말합니다. 그러면 주께서 기뻐하신다고 합니다. 이게 무슨 뜻입니까? 주님이 다 아신다는 것입니다. 힘든 부모, 이상한 부모, 좋은 부모, 존경스러운 부모, 경멸스러운 부모인지를 주께서 다 아신다는 것입니다. 무조건 순종하는 것이 어찌 행복할 수만 있겠습니까? 그러나 주님의 명령이기에 순종의 종류와 장르가 달라도 구원 때문에 순종하는 것을 하나님이 기뻐하십니다.

그래서 부모에게 순종하는 것은 자녀의 가장 기본적인 덕목입니다. 자녀들은 부모에게 순종할 의무가 있습니다. 자발적으로 안 되어도 이것은 의무입니다. 배우자 없는 사람은 있어도 부모 없는 사람은 없지 않습니까. 그래서 이유를 막론하고 순종해야 하는 것입니다. 그래도 부모에게 순종하기 어렵습니까? 아직 구원의 확신이 없어서 그렇습니다.

세상적인 훈육으로, 유교적 가치관으로 순종을 요구하는 것이 아니라 구원 때문에, 주님의 명령이기에 순종하는 것을 스스로 깨우

처야 합니다. 그래서 자녀에게 말씀을 가르쳐야 하는 것입니다.

로마서 1장 28절에서 31절을 보면 '상실한 마음대로 내버려 두사 마음의 정욕대로 저지르는 죄'의 목록이 스물한 가지나 나옵니다. 불의, 추악, 탐욕, 시기, 분쟁…… 부모를 거역하는 자 등입니다. 하나님은 그들이 정욕대로 살도록 내버려 두셨습니다. 다시 말해 그들이 지옥에 가도 상관없다고 내버려 두셨다는 것입니다. 그들 중에는 부모를 거역하는 자가 있습니다.

디모데후서 3장 1절에서 5절에서도 "말세에 고통하는 때가 이르러" 하면서 열여덟 가지 죄의 목록이 나오는데 거기에도 부모를 거역하는 죄가 포함되어 있습니다. 레위기에도 "너희는 거룩하라 이는 나여호와 너희 하나님이 거룩함이니라 너희 각 사람은 부모를 경외하고"(레 19:2~3)라는 말씀이 나옵니다. 하나님의 거룩을 닮으려면 부모를 공경하라는 것입니다. 에베소서에도 "네 아버지와 어머니를 공경하라 이것은 약속이 있는 첫 계명이니"(엡 6:2)라고 하면서 그러면 "네가 잘되고 땅에서 장수하리라"(엡 6:3)고 약속하셨습니다.

하나님께서 우리에게 가시적으로 주실 수 있는 복의 기본이 부모를 공경하는 것입니다. 신명기에는 부모에게 순종하지 않고 방탕하며 술에 잠긴 아들은 돌로 쳐 죽이라고 했습니다(신 21:18~21). 방탕한 사람, 술독에 빠진 사람 모두 그냥도 아니고 돌로 쳐 죽이라고 무시무시하게 말씀하셨습니다. 그런데 이 구절 앞에 "부모에게 순종하지 않고"가 나옵니다. 방탕하고 술에 잠긴 자보다 순종하지 않는 것이 더 문제라는 것입니다.

그렇다면 돌로 쳐 죽이라는 말은 도대체 무슨 뜻입니까? 어떻게 이해해야 합니까? 순종하지 않으면, 방탕해지면, 알코올중독에 빠지면 돌로 쳐 죽임을 당한 것처럼 엄청난 고통이 뒤따르고, 결국 다 제풀에 넘어진다는 뜻입니다.

이 세상은 패역과 음란으로 들끓고 있습니다. 세상이 이러니 우리 인생에서 패역하고 음란한 사람들을 만날 확률도 99퍼센트입니다. 그런데 순종의 훈련을 받으면 그런 힘든 사람들을 분별해 내기가 훨씬 수월합니다.

우리는 조금 좋은 사람이 있어도 참지 못하고 조금 싫은 사람이 있어도 참지 못합니다. 참지 못하는 것은 순종하지 않는 것입니다. 그래서 여기 가도 저기 가도 돌로 쳐 죽임을 당할 수밖에 없습니다. 사건이 올 때마다 다 넘어지는 이유가 여기에 있습니다.

순종 훈련이 안 된 자녀들은 학교나 사회나 직장에서 불화를 일으키기 쉽습니다. 자녀를 최고로 먹이고 입히고 재우고 잘해 주어도 순종 훈련은 쉽지 않습니다. 역기능 가정에서 자라도 순종 훈련이 안 됩니다.

순종 훈련

그렇다면 어떻게 순종을 가르칠까요? 부모가 먼저 자신의 부모에게 순종하는 모습을 보이는 것이 자녀에게 순종을 가르치는 첫걸음입니다. 그러기 위해서는 집안의 사연이 끊어져야 합니다. 순종은 '예수 그리스도의 보혈로 우리 집의 사연이 끊어졌다'고 고백하는 것에서부터 출발합니다.

순종하는 법은 어릴 때부터 가르쳐야 합니다. 세 살이 되기 전에 모든 절대적인 법들을 가르쳐야 합니다. 다섯 살, 열 살은 이미 늦습니다. 아주 어릴 때부터 말씀과 부모의 절대적인 권위를 가르쳐야 합니다. 순종의 훈련은 학교 교육, 음식 먹이는 것 못지않게 중요합니다.

그렇다면 세 살 아이에게 어떻게 순종의 훈련을 시켜야 할까요? 우리들교회는 영아부부터 큐티를 합니다. 말씀으로 이야기를 해 주고, 예절에 대해서도 가르칩니다. 집에서도 순종을 가르칠 때 유교적인 훈육이어서는 절대 안 됩니다. 성경 말씀을 예화로 들며 순종해야 할 이유를 조곤조곤 설명해 주어야 합니다. 야단을 많이 쳤으면 아이가 잘 이해할 수 있도록 말씀으로 그 이유를 설명해 주고, 껴안고 기도해 주고, 마무리까지 잘해야 합니다.

부모가 본을 보이는 것도 중요합니다. 아버지가 눈 한번 치켜뜨고 큰소리쳐도 어머니가 기쁨과 사랑으로 잘 받아들이고, 병약한 어머니를 아버지가 사랑으로 인내하는 모습을 보이는 것이 자녀들에게 순종의 훈련이 됩니다.

강도와 절도로 옥에 갇혔다가 탈옥해서 한때 전국을 떠들썩하게 만들었던 신창원 씨가 교도소에서 이런 편지를 썼습니다.

저는 의적도, 좋은 놈도 아닙니다. 그저 많은 죄를 저지른 죄인이고 죽어 마땅한 범죄자입니다. 제가 만난 죄수들 중에 90퍼센트가 부모의 따뜻한 정을 받지 못했거나 가정폭력 또는 무관심 속에서 살았습니다. 범죄를 줄이는 방법은 다른 것이 없습니다. 그냥 부부가 화목하고 그런 모습을 자녀에게 보여 주며 사랑과 관심을 가진다면 범죄는 줄어들게 될 것입니다.

이것은 목사님이 쓴 글이 아닙니다. 신출귀몰한 도둑 신창원이 우리에게 쓴 편지입니다.

자녀들은 자라면서 스스로 생각할 수 있게 되고 머리가 커지면서 부모의 약점을 발견하게 됩니다. 드러난 약점과 은밀한 약점을 모두 보게 됩니다. 그러나 어려서부터 말씀으로 순종의 훈련을 받은 자녀들은 부모에 대한 존경의 기준을 부모의 착한 행실에 두지 않습니다. 그것이 온전히 주님을 기쁘게 하시는 일이기 때문에 순종합니다.

우리들교회 유치부에서 아이들이 나와 간증하는 것을 보고 "유치부 아이들이 부모가 바람피운 이야기를 왜 하느냐?"며 경악했다는 한 부모의 이야기를 들었습니다. 유치부 아이들이 비록 부모로 인해 고난을 겪었지만 하나님의 은혜로 상처를 치유하게 되었다는 것을 눈물로 간증하는데, 그것을 이해하지 못하고 무시하면 안 됩니다. 자녀가 말씀으로 양육을 잘 받으면 부모의 약점에도 불구하고 부모라는 이유로 계속해서 부모를 존경하고 순종합니다.

말씀을 내 삶에 적용하는 큐티를 하고 서로 간증을 나누는 공동체만큼 순종 훈련을 하기에 좋은 곳이 없습니다. 그래서 부모는 자녀가 어릴 때부터 큐티를 시켜야 하고, 공동체와 더불어 자랄 수 있도록 잘 이끌어야 합니다.

어느 고3 수험생의 나눔입니다.

중간고사를 앞두고 늦게까지 공부하고 밤늦게 집에 들어오는 생활을 반복하면서 피곤하고 힘들었습니다. 내심 힘든 수험 생활을 하는 제 노고를 부모님이 알아주셨으면 했습니다. 그래서 한숨을 쉬고 짜증을 내는 것으로 표현하면 부모님이 저를 위로해 줄 거라 생각했습니다. 그러나 제 기대와 달리 아버지는 저에게 잔소리만 하셨습니다. 저는 훈계만 하시는 아버지가 싫어서 아버지의 말을 무시하는 것으로 대응했습니다.

결국 얼마 전 아버지와 충돌했습니다. 《청소년 큐티인》(청소년을 위한 말씀묵상지) 집필진인 저는 묵상 간증을 쓴다는 핑계를 대고 인터넷 서핑을 하고 있었는데 이를 못마땅하게 여기신 아버지가 빨리 쓰고 자고 호통을 치셨습니다. 저는 분노가 치밀었지만, 화가 나더라도 정중하게 아빠를 대하라고 날마다 교회에서 가르침을 받았기 때문에 "제가 입시 때문에 예민해져 있으니 입시가 끝날 때까지는 아버지와 대화하지 않는 것이 좋겠어요"라고 차분하게 말씀드렸습니다.

그런데 그 말에 더 화가 나신 아버지는 너와는 평생 말하기 싫다고 하면서 언성을 더 높이셨습니다. 끝내 화가 폭발한 저도 아버지께 대들었고 아버지는 저를 때리셨습니다. 결국 저는 화를 참지 못하고 교복과 가방을 챙겨 들고 집을 나와 버렸습니다. 얼마 후 다시 집에 들어

갔지만, 여전히 아버지에 대한 감정의 앙금이 남아 있는 상태입니다.

여기까지는 여느 집 자녀와 똑같습니다. 그런데 여기서부터가 중요합니다. 날마다 큐티를 하는 아이여서 그날 본문인 누가복음 말씀을 보고 자기 죄를 보았습니다.

그런데 오늘 말씀으로 제 모습을 돌아보니 제게도 큰 잘못이 있었다는 생각이 들었습니다. 저는 수험생이라는 명분을 내세워서 부모님께 무조건 저를 섬겨 달라는 어려운 짐을 지웠고, 저를 이해해 주지 않고 도리어 훈계하는 아빠를 미워하고 박해했습니다. 또한 예수님의 입에서 나오는 말을 책잡으려고 노리는 서기관과 바리새인들처럼 아빠가 했던 말들을 책잡아서 제 잘못을 합리화하고 싶었습니다(눅 11:53~54). 이렇듯 아빠보다 내가 더 옳다고 생각했던 제 모습이 말씀의 율법 교사와 다를 바 없는 것 같습니다. 이제 말씀으로 내 죄를 먼저 보고 수험생이라는 이유로 섬김받으려는 이기심을 내려놓겠습니다. 내 죄를 볼 수 있도록 큐티를 하겠습니다. 그리고 아버지께 사과드리고 아버지 입장에서 생각해 보려고 노력하겠습니다.

똑같은 사건을 겪어도 큐티를 하고 믿음의 공동체에 붙어 있는 자녀는 말씀에 묶여 스스로 부모에게 순종하게 됩니다. 날마다 말씀으로 살아나는 것입니다.

자녀를 노엽게 하지 말라

아비들아 너희 자녀를 노엽게 하지 말지니 낙심할까 함이라_골 3:21

에베소서 6장 4절에서 "자녀를 노엽게 하지 말고 오직 주의 교훈과 훈계로 양육하라"고 했습니다. 그런데 이것이 참 어렵습니다. 대부분 부모의 훈계는 자녀에 대한 지나친 기대와 집착에서 비롯되기 때문입니다. 자녀는 부모의 소유가 아니라 하나님의 소유인데, 잠시 맡아서 양육한다는 것을 잊어버리고 욕심대로 권위를 휘두르니 자녀들을 노엽게 하는 것입니다. 개역한글판 성경에서는 자녀들의 노여움을 '격노'로 표현하고 있습니다.

그렇다면 자녀들은 언제 격노합니까?

첫 번째는, 부모가 부모의 권리를 남용할 때 자녀가 격노합니다. 청소년 캠프에 가서 보면 요즘 청소년들은 화장을 많이 합니다. 제 눈엔 화장한 얼굴보다 안 한 얼굴이 더 예쁜데, 그렇다고 "화장하지 말라"고 강권할 수는 없습니다.

화장을 해도, 머리카락에 빨간 물 노란 물을 들여도, 캠프에 와서 앉아 있는 것이 너무 예뻐서 "그러면 좀 어때, 교회에만 와~" 하는 것이 어느새 제 주제가가 되었습니다. 귀 뚫은 아이들이 있어도 그래요. "왜 귀를 한 군데만 뚫어? 연예인들 보니까 두세 군데 뚫었더라" 하면 이 아이들이 재미가 없어서 아마 안 뚫을지도 모릅니다.

비본질적인 것은 최대한 인내하며 기다려야 합니다. 권위를 내

세워서 될 일이 아닙니다. 쓸데없는 것에 부모의 권위를 내세우면 아이들은 속으로 비웃으며 십리 길로 도망갑니다. 아이들은 남들이 하니까, 또 그게 유행이니까 따라 하고 싶은 마음뿐입니다. 진리나 비진리의 문제는 아닙니다.

청소년 캠프에 강사로 가면서 '어떻게 하면 아이들에게 친근감을 줄 수 있을까?' 싶어 폭이 살짝 좁은 청바지를 입고 갔습니다. 그랬더니 아이들이 "우리 목사님 스키니진 입고 오셨네, 대박!"이라고 했습니다. 자녀교육을 위해서라면 이런 적용도 필요하다고 생각합니다.

두 번째는, 부모의 사연을 약자인 자녀에게 쏟아부을 때 자녀가 격노합니다. 자녀들이 어릴 때는 힘이 없어서 순종하지만, 커 갈수록 부모가 이해 안 되는 행동을 하면 상처를 받고 낙심합니다. 예체능을 공부하는 아이들은 어릴 때부터 엄마들의 극성에 시달립니다. 화장실에도 오래 있으면 안 되어서 그 앞에서 지키고 있습니다. 그래서 어떤 피아노 잘 치는 아이는 화장실에 가서 30분 동안 책 보고 놀았다고 합니다. 그게 유일하게 논 시간이랍니다. 엄마가 "안 나오느냐?"고 하는데도 문을 꼭 잠그고 놀았답니다.

딸아이 친구는 일곱 살 때 너무 사랑받고 싶어서 엄마한테 자꾸 치대니까 엄마가 "아부 떨지 마"라고 했답니다. 그 아이는 그 순간 평생 엄마를 미워하기로 작심했다고 합니다.

이렇게 부모가 격노케 하면 자녀는 낙심하게 됩니다. 그런데 우리 부모들은 언제, 어디서 자녀를 격노케 하는지 모릅니다. 게다가 격노한 아이는 엄마에게 그 마음을 절대로 드러내지 않습니다. 지금 내 딸이 일류학교에 다닌다고 해서 착각하면 안 됩니다. 그렇게 한번 낙심하면 아이는 평생 힘들게 삽니다.

　부모는 자신의 사연이 해석이 안 되니까 자녀에게 성실을 가장한 보복을 하는 것이고, 그러면 그것이 자녀에게 사연이 되어 보복이 대물림됩니다.

　부모들은 '내가 너를 어떻게 키웠는데……'가 늘 주제가입니다. 자녀에 대한 비전과 망상은 아주 다른 것입니다. 자녀에 대한 부모의 이기적인 사랑은 마마보이, 마마걸을 만듭니다. 자녀를 위해서가 아니라 자기를 위해서 하는 사랑이기 때문에 아이를 망치는 길입니다. 이렇게 자란 아이들은 싫은 일이 있어도 거절하거나 뒤로 미루는 능력이 없고, 혼자 문제를 해결하는 능력이 부족합니다. 이런 아이들의 공통점은 자신의 속마음을 잘 드러내지 않고, 그런 감정을 두려움 속에 묻어 버리는 것입니다.

　아이에게 도움이 되지 않는 칭찬은 "너 참 똑똑하게 생겼다. 너 참 착한 아이구나. 너 참 순하게 생겼다" 하는 것입니다. 아이들에게 성격과 인격에 대해서 칭찬하면 안 됩니다. 칭찬은 아이의 노력과 노력을 통해 얻은 것에 대해서만 구체적으로 해야 합니다. 그래야 아이는 그것을 더 잘하기 위해서 노력합니다. 성격과 인격을 칭찬하면 아이는 평생 자기 성격과 인격만 믿고 '착각'하며 살게 됩니다.

　저는 우리 애들한테 공부를 제대로 가르치지 않았습니다. 영어 단어를 외우게 한 뒤 테스트를 해서 "잘했구나" 하고 칭찬해야 하는데 저는 그렇게 구체적으로 아이들을 가르치지 못했습니다.

그런데 부모가 이렇게 구체적으로 가르치지 못하면서 그저 "공부하라"고 하면 아이들에게는 잔소리로밖에 들리지 않습니다. 그러면 공부하기 싫습니다. 구체적으로 가르치고 "영어 단어를 참 잘 외웠다. 정말 성실하구나" 하며 구체적으로 칭찬해야 합니다. 밑도 끝도 없이 "훌륭하다, 대단해, 똑똑해, 참 순해" 하는 칭찬은 안 하느니만 못합니다.

부모를 토막 살해해 세상을 떠들썩하게 만들었던 이은석 군의 아버지는 명예를 생명처럼 여기는 고위급 장교 출신이었습니다. 어머니는 명문 여대를 졸업한 재원이었습니다. 두 아들을 둔 남부러울 것 없는 가정이었지만, 부부는 평생을 원수처럼 지냈습니다. 자녀들이 어릴 때부터 부부가 각방을 썼고, 엄마는 이혼하겠다는 말을 입에 달고 살았습니다. 아버지는 직업상 한 달에 한 번씩 집에 오면서도 아들들을 본체만체했습니다. 큰아들은 공부를 못했고, 작은아들 은석이는 공부는 잘했지만 마마보이였습니다. 마마보이는 싫은 것을 싫다고 말할 수 있는 능력이 없습니다. 은석이는 부모가 하라는 대로 공부도 곧잘 해서 K대를 갔지만, 아버지를 무서워하며 늘 피했습니다. 아버지는 두 아들을 싸잡아 "사내놈들이 왜 그 모양이냐? 굼벵이 같은 자식들, 니들이 잘하는 게 뭐 있어? 공부나 해라. 사회에서 너희 같은 놈은 낙오하기 일쑤야" 하고 핀잔을 줬습니다. 어머니는 뭐만 좀 잘못하면 "싹수가 노랗다, 나가 죽는 게 낫다, 차라리 나가 버려"라고 했습니다. 부모가 돌아가면서 아들들에게 폭언을 일삼았습니다.

가출도 못 하고 집에 있던 은석이는 단군 이래 최대의 비극을 저지른 범죄자가 되었습니다. 부모를 살해한 뒤, 어머니의 시체는 열 토막을 냈고 아버지는 열한 토막을 냈습니다. 얼마나 격노했으면 그랬 겠습니까? 그 어머니는 신학을 했다고 합니다. 그러니 교회를 얼마나 열심히 다녔겠습니까? 그러나 자식의 손에 처참하게 죽은 것이 그 어 머니의 삶의 결론이었습니다.

큰아들은 부모를 참지 못해 집을 나가 버렸는데, 이 집에서 살아 남은 사람은 못 견디고 가출한 이 큰아들밖에 없습니다. 그러니 부모 말 잘 듣고 얌전히 집에만 있는 것이 순종이 아닙니다. 이럴 때는 가출 하는 것이 순종입니다. 큰아들은 가출했기에 죽음을 면했습니다.

자녀가 일류학교에 다닌다고 자녀교육이 완성된 것으로 착각하 면 안 됩니다. 자녀교육의 목표를 일류 대학에 두어서도 안 됩니다.

『복수당하는 부모들』을 쓴 전성수 교수는 세상에서 가장 멍청한 사람이 자기 가족을 이기려는 사람이라고 했습니다. 남편이 아내를 이기려 하고, 아내가 남편을 이기려 하고, 아버지가 자녀를 이기려 하 고, 자녀가 아버지를 이기려 하고, 형제가 형제를 이기려 하는 것이 세 상에서 가장 멍청한 짓이라는 겁니다. 이기고자 하면 결국 복수하겠 다고 또 덤비게 되기 때문입니다. 은석이네의 비극도 여기서 비롯된 것입니다.

세 번째는, 일관성이 없을 때 자녀가 격노합니다. 기분이 좋으면 다 용서하고 관대하게 굴다가 기분이 안 좋으면 화내고 때리는 부모 는 자녀를 격노케 합니다. 부모가 일관성이 없으면 자녀는 눈치밖에 남는 것이 없어서 눈치 구단이 됩니다.

어떤 아이는 우울증을 앓는 누나 때문에 너무나 힘들었다고 합니다. 그 집의 법은 "누나는 아프잖아"였습니다. 이 아이는 의젓하고 공부도 잘했지만 누나 때문에 칭찬 한번 못 받고 애정 표현 한번 제대로 받지 못했습니다.

어느덧 대학생이 된 아들이 언제나 자기한테만 참으라고 하니까 화가 나서 "나는 왜 누나와 다르게 살아야 해? 나한테도 칭찬 좀 하고 안아 주면 안 돼?" 하고 따졌지만 엄마는 여전히 "네가 이해해. 누나는 아프잖아"라고 했습니다.

가족 중에 딸 한 명만 아파도 이렇게 온 집안이 병들게 됩니다. 제가 부모라도 이런 경우 일관성을 갖기는 어려울 것 같습니다. 자녀가 아프면 어떤 부모라도 1 더하기 1은 2라고 말해 주기 어려울 것 같습니다. 살다 보면 정말 어쩔 수 없어서 일관성을 잃게 될 때가 많습니다. 그럼에도 부모는 일관성을 유지하기 위해 애써야 합니다.

순결을 가르치라

미국의 전설적 밴드 비치보이스(The Beach Boys)의 한 멤버가 새들백교회에서 간증을 했습니다. 그는 한창 인기가 있을 때 수백 명의 여성과 육체관계를 맺고 마약을 하며 쾌락에 젖어 살았다고 고백했습니다. 그러나 어느 날 구원의 은혜를 체험하고 교회에 다니게 되어 함께 성경 공부를 하던 자매와 교제하기 시작했다고 말했습니다.

그 말을 들은 성도들은 방탕하게 살던 그가 교회 안에서 교제를 시작했다고 하니 가슴이 철렁해서 염려되었습니다. 걱정하는 성도들을 향해 그는 자매와 교제한 지 9개월이 지났지만 관계를 갖지 않았다고 말했습니다. 그러자 성도들이 자리에서 일어나 기립박수를 보냈다고 합니다.

청년들을 상담하면서 육체적 순결을 지키는 일이 너무 힘들다는 고백을 자주 듣습니다. 한 자매는 어려서 성폭행당한 이야기를 사귀는 형제에게 고백했는데, 형제가 따뜻하게 위로해 주니까 자신도 모르는 사이에 마음이 끌려 육체관계를 맺었다고 했습니다. 저는 그 자매에게 조심스럽게 말했습니다.

"네가 쉽게 몸을 허락했기 때문에 성폭행당한 것도 네가 쉬운 여자라서 그랬다고 하면 어쩔 거냐. 당장 육체관계를 끊어야 한다."

자매는 이미 형제에게서 그런 느낌을 받고 있다고 했습니다. 부모님은 자신이 그렇게 사는 걸 결코 모르실 거라며 눈물을 쏟았습니다.

요즘 젊은 세대에게 혼전순결을 이야기하면 시대착오적인 메시지로 들릴 지경이 되었습니다. 그렇다 하더라도 자녀들에게 혼전순결을 지키도록 가르쳐야 합니다. 서로의 순결을 지켜 주는 것이 가장 귀한 대접이며, 진정한 사랑임을 가르쳐야 합니다. '내 아이는 안 그렇겠지' 하는 것은 안일한 생각입니다. 나 자신도 매일 돈과 쾌락과 게으름의 유혹에 넘어가면서 어떻게 자녀들이 유혹을 쉽게 이길 것이라고 장담합니까.

자녀가 이성 교제를 시작했다면 신앙 공동체 안에서 부모와 지도자와 의논하며 교제할 수 있도록 권면해야 합니다. 우리 몸이 하나님의 성전임을 가르쳐야 합니다. 비치보이스의 멤버처럼 이미 순결을 지키지 못했더라도 믿음을 가진 그 순간부터 제2의 순결을 지켜간다면 그는 깨끗한 사람입니다. 자녀를 지키는 최고의 방법은 하나님의 말씀으로 마음과 생각을 채워 주는 것입니다.

사랑과 축복의 말

제가 어렸을 때만 해도 한국에서 어린아이의 인권은 없었습니다. 맨날 "이 웬수야, 넌 다리 밑에서 주워 왔다", "이 빌어먹을 놈아" 하는 욕을 예사로 들었습니다. 그때에 비하면 지금 우리는 자녀들을 너무나 인격적으로 대하는 셈입니다. 그럼에도 여전히 별 상스러운 말을 다 하면서 자녀에게 무의식적으로 상처를 주는 부모가 적지 않습니다.

저 역시 자라면서 부모님으로부터 '사랑한다, 예쁘다'라는 말을 들어 본 적이 없습니다. 어머니는 믿음으로, 아버지는 성품으로 남을 위해 사셨지만 자녀에게 애정 표현이나 축복을 구체적으로 하지는 않으셨습니다.

여러분은 어떠십니까? "네가 있어서, 네가 태어나 줘서 너무나 행복하다", "너는 기도받고 태어난 아이이고, 약속의 자녀다", "함부로 살아서는 안 된다" 하며 자녀를 축복하고, 구체적으로 애정 표현을 하고 있습니까?

제 사위가 워낙 부모님에게 잘해서 "이 서방은 크면서 그런 말을 들어 봤어?" 하고 물었더니 역시나 고개를 가로저었습니다. 교회를 그렇게 다녔어도 자기를 우상처럼 여기기만 하셨지 "네가 태어나서 너무 행복하다", "너는 기도하고 태어난 약속의 자녀다"라는 말은 들어 본 적이 없다고 했습니다.

"내가 너를 위해서 그동안 얼마나 기도했는데……" 이런 말도 삼가야 합니다. 그런 말은 생색이지 축복이 아닙니다. 제아무리 자녀를 위해 열심히 기도했더라도 자녀에게 그런 생색을 내면 안 됩니다.

"너는 어쩜 이렇게 예쁘니?", "저걸 누가 낳았을까? 예쁜 내 새끼" 이러는 것도 안 됩니다. 사랑한다는 말은 너무 안 들어도 문제지만 너무 지나치게 들어도 문제입니다. 특히 육적인 애정 표현은 아이를 착각에 빠지게 하고 그릇되게 만들기 쉽습니다. 사랑 표현도, 축복도 말씀으로 해 주어야 합니다.

우리들교회에서는 세 살 난 영아부 아이들도 부모와 함께 말씀으로 큐티를 합니다. 출애굽기에 성막과 관련된 본문이 나오면 영아부 설교 시간에 '자원함으로 예물을 가져오라'는 말씀과 '성막은 거룩하고 깨끗한 것'이라는 말씀을 전합니다. 그러면서 "기쁜 마음으로 예배드리러 와야 하고, 엄마가 일찍 깨워도 떼쓰지 말아야 해요. 얼굴도 깨끗하게 씻고 오세요. 여기 와서 예배드릴 때 까까 흘리지 말고, 깨끗하고 거룩하고 기쁘게 예배드려요~" 하고 아이들이 자신들의 생활에서 적용할 수 있는 것들을 구체적으로 가르칩니다. 아이들은 세 살밖에 안 되었어도 그 시간에 입을 헤~ 벌리고 듣습니다.

그런데 더 중요한 것은, 말씀을 전하는 동안 아이들을 축복하고, 선택받은 하나님의 자녀라는 것을 아이들에게 인식시키는 것입니다. 즉, "너희는 하나님의 약속의 자녀이기 때문에 절대 함부로 살아서는 안 된다"는 것을 주지시키는 것입니다. 말씀이 끝나면 부모가 한 명 한 명 껴안고 기도로 축복해 줍니다. 이것이 바로 부모의 축복권입니다.

　　이렇게 매번 축복해 주면 비록 세 살짜리 영아라도 다 압니다. 자신이 얼마나 축복받은 아이인가를……. 쓸데없는 잔소리하지 말고, 말씀으로 애정 표현을 하는 것이 축복입니다. 말씀을 읽고 듣고 지키는 복을 받으며 자라는 것만큼 자녀들에게 큰 축복이 없습니다.

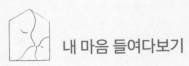

내 마음 들여다보기

Q. 성품이 착하고 공부만 잘하면 좋은 자녀라고 착각하고 있지는 않습니까? 내 자녀도 하나님의 은혜가 아니면 선을 행할 수 없는 죄인임을 인정합니까? 자녀교육을 위해 억지로라도 큐티를 하게 합니까?

_____

_____

_____

_____

Q. 자녀가 나를 거역하면 어떻게 훈육합니까? 자녀의 순종을 그르치게 하는 나의 약점은 무엇입니까? 자녀에게 순종을 가르치기 위해 어떤 노력을 기울이고 있습니까? 세상적인 훈육으로, 유교적 가치관으로 순종을 요구하고 있지는 않습니까? 순종하는 것을 스스로 깨우치도록 함께 큐티하며 말씀을 가르치고 있습니까?

_____

_____

_____

_____

Q. 자녀를 격노하게 한 적이 있습니까? 자녀를 격노하게 하는 나의 사연
은 무엇입니까? 내 자녀에게 부모로서의 권리를 남용하는 것은 무엇
입니까?

_____

_____

_____

_____

Q. 내 자녀에게 순결 교육을 가르치고 있습니까? 만약 내 자녀가 이성 교
제를 시작한다면 무엇부터 가르치겠습니까? 자녀에게 애정 표현을 잘
하고 있습니까? 어떻게, 무엇으로 표현합니까?

_____

_____

_____

_____

_____

_____

저는 초등학교 6학년 때 키가 작고 왜소하며 단순히 반응이 재밌다는 이유로 따돌림을 당했습니다. 모범생으로 항상 인정만 받았기에 따돌림당하는 것이 힘들었지만, 부모님께 말씀드리지 못했습니다.

그 후 중학생 때 한 무리의 친구들과 친해졌습니다. 그 친구들과 잘 지내면 어려울 때 나를 도와줄 것 같아 학원을 빠지고 같이 놀러 다니며 밥을 사 주는 등 최선을 다해 조공을 바쳤습니다(왕하 17:3). 그런데 오히려 그 친구들이 따돌림을 주도하기 시작했습니다. 저 역시 평소 친했던 친구가 괴롭힘당할 때 말리지 않았고, 선생님께 알리지도 않고 지켜만 봤습니다. 처음에는 내가 당하는 것이 아니라 괜찮았습니다. 하지만 나중에는 그 친구들과 다니면 다른 친구들이 나를 무서워하고 내가 뭐라도 된 것 같아 그만두지 못했습니다.

제가 이렇게 사람의 종으로 사니까 어느 날 같이 놀던 친구들이 갑자기 저를 멀리하고 무시하기 시작했습니다. 또다시 따돌림당하는 삶이 시작될 것 같아 너무 두려웠습니다. 그리고 친구가 당하는 모습을 지켜만 본 것에 죄책감이 들었습니다. 저는 우울증에 걸려 성적이 바닥까지 떨어졌고 그 모습에 어머니는 심한 우울증에 걸려 매일 방에서 소리를 지르며 우셨습니다. 아버지는 저를 죽여 버리겠다고 하셨습니다. 이런 부모님이 싫어 저도 늦게까지 집에 들어가지 않고 엘리베이터를 발로 차며 집 안의 물건들을 부쉈습니다.

그런데 모범생이던 제가 방황하자 세상 소망이 사라지신 어머니가 우리들교회에 나가기 시작하셨습니다. 그러던 어느 날 제게 자신이 문제 부모였다고 사과하시는 어머니의 모습에 저도 교회에 오게 되었습니다. 교회에서 힘든 삶을 간증하는 친구들을 보며 위로받았지만, 세상에서는 여전히 친구들과 친하게 지내려고 함께 술을 마셨습니다.

그러던 중 청소년부 수련회에서 저를 위로해 주시고 사랑하시는 구원자 하나님을 만났습니다. 계속된 따돌림의 사건으로 나는 아무에게도 사랑받을 수 없다고 자책하며 생명 공동체인 목장에 나누지 않고 제 생각대로 행동했던 교만함도 보게 하셨습니다. 그래서 중학생 때 괴롭혔던 친구를 찾아가 사과하는 적용을 했습니다.

이후 신교제를 하게 되었고 여자 친구와 한 말씀을 보며 서로의 연약한 모습을 나누었습니다. 말씀을 가까이하니 진짜 구원자이신 하나님과 더 가까워졌습니다.

이제는 제 학창 시절의 인정 중독, 교만, 관계 고난이 약재료가 되어 한 영혼 살리는 사명 감당하기를 소망합니다. 따돌림의 사건에서 가짜 구원자를 찾다 사로잡히고 방황하던 저를 세상의 종이 아닌 하나님의 종으로 돌이키게 해 주신 주님, 감사합니다.

Chapter 7

인내하세요,
영적 후사는 반드시 있습니다

부부가 믿음으로 하나가 되면 육의 자녀와 관계없이 영적 자녀로 인해 기쁨을 누릴 수 있습니다. 한나에게 자녀가 없는 것은 '여호와께서' 하신 일이었습니다(삼상 1:5). 그것을 인정한다면 우리에게는 감사할 것밖에 없고 하나님의 때를 기다릴 수밖에 없습니다.

한나는 남편 엘가나의 한없는 사랑을 받으면서도 '여호와께' 기도하고 통곡했습니다. 이것이 한나의 훌륭한 점입니다. 남편의 사랑에 안주하지 않고, 하나님께 내 고통을 호소한 것입니다. 그랬기에 한나는 슬픔을 겪으면서도 하나님께 응답받아 영적인 자녀를 얻을 수 있었습니다.

엘리의 두 아들 홉니와 비느하스가 여호와의 제사장으로 성전에 있었지만(삼상 1:3) 그들은 타락한 아들이었습니다. 그래서 하나님은 한나를 통해 진정한 제사장 사무엘을 세우셨습니다. 두 아들을 가진 엘리가 아니라 자녀가 없는 한나가 영적 계보를 잇는 사람이 되었습니다.

고통받는 한 사람의 기도로 인해 하나님은 교회를 지키시고 회복시키십니다. 교회를 살아 있게 하는 힘, 가정을 살아 있게 하는 힘은 고통받는 한 사람의 기도입니다.

그렇습니다. 우리가 자녀 고난 중에라도 구원의 일을 하게 해 달라고 기도하면 하나님께서 응답해 주십니다. 육신의 자녀로 인해 힘들어도 영적 자녀를 낳는 일에 매달리고 헌신하면 슬퍼할 겨를이 없습니다. 날마다 영적 자녀 낳기를 소망하며 구원을 위해 기도할 때 우리의 삶에 수색(愁色)이 없어지고 기쁨이 넘치게 될 것입니다.

하나님의 때가 있다

우리에게 자녀를 주신 것이 굉장히 귀한 일임에도 그 귀함을 모를 때가 많습니다. 그래서 하나님이 그 귀함을 알게 하시려고 아이를 늦게 주실 때가 있습니다.

마흔이 넘은 아내가 아이를 낳지 못할까 봐 전전긍긍하던 남편 집사님이 있습니다. 집사님은 말씀을 들으면서도 욕심 때문에 하나님의 방법과 때를 묻지 않고 자기 소견에 옳은 방법을 강구했습니다. 그러나 하나님은 이 집사님이 원한 방법과 때가 아니라 하나님의 방법과 때에 3.3*kg*의 건강한 딸을 그 가정에 선물해 주셨습니다.

기도하고 또 기도하면서 기도가 쌓일 때 자녀를 주시면, "하나님이 주셨다!"고 고백하게 되고, 신앙고백 또한 확실해집니다. 생명을 낳는 이 과정에서 하나님은 말씀으로 권고하십니다. 그러니 권고하신 말씀을 믿고 가면 나중에라도 하나님께서 내 자녀를 만나 주시고 영적 후사가 되게 해 주실 것입니다. 하나님께서 친히 보살펴 주실 것입니다.

저야말로 부모님이 기다리고 기다려서 낳은 영적 후사였을 텐데, 단지 제가 아들이 아니라는 이유로 어머니 눈에는 영적 후사로 보이지 않았던 것 같습니다. 지금 이렇게 영적 후사를 주렁주렁 낳고 있는데도 말입니다. 그래서 어머니는 낙심하고 속상하셨을 것입니다.

우리는 처음부터 자녀를 쉽게 주면 고마워하지 않습니다. 앞에서도 잠깐 언급했지만, 노아도 500세가 되어서야 셈과 함과 야벳을 낳았습니다. 남들보다 300년 이상 무자로 인한 고난을 겪지 않고는 그 삶에서 하나님을 보여 줄 수가 없는 것입니다. 아브라함도 약속을 받은 지 25년 만인 100세에야 영적 자녀인 이삭을 품에 안았습니다.

한나 또한 마찬가지였습니다. 여호와께서 그에게 임신하지 못하게 하셔서 그의 적수인 브닌나로부터 심한 괴롭힘과 멸시를 받는 무자(無子)의 고난 끝에 아들 사무엘을 주셨습니다. 그러니 그 감사함이 어떠했겠습니까? 아들의 평생을 여호와께 드리고 그 머리에 삭도를 대지 않겠다는 고백이 절로 나올 수밖에 없는 것입니다.

앞서 이야기한 남편 집사님도 꼭 그런 감사함으로 자녀를 품에 안았을 것 같습니다. 마흔넷이 넘은 아내가 아기를 낳았다는 것 자체가 정말 기가 막히지 않습니까.

하나님은 모든 약속의 말씀을 이루기 위해 아브라함에게 이삭을 주셨습니다. 그 약속의 내용이 무엇입니까?

창세기 12장 2절과 3절에 "너로 큰 민족을 이루리라", "네 이름을 창대하게 하리라", "너는 복이 될지라", "모든 족속이 너로 말미암아 복을 얻을 것이라"는 약속입니다. 이에 아브라함이 여호와의 말씀을 좇아서 갔습니다. 그런데 25년 동안 된 게 아무것도 없었습니다. 목숨의 위협을 몇 차례나 당했고, 롯 때문에, 바로 때문에, 아비멜렉 때문에 되는 일이 없었습니다. 말씀을 좇아갔는데도 되는 일이 없었습니다. 그러나 이는 모두 아브라함을 훈련시키기 위한 것이었습니다. 하나님은 반드시 말씀하신 기한에 이르러 그분의 때에 아브라함에게 이삭을 주심으로 그 약속을 이루셨습니다. 그러니 우리는 그때를 잘 기다려야 합니다.

불가능한 목표를 꿈꿀 때

『자유함』의 저자 닐 앤더슨(Neil T. Anderson) 목사님이 어느 교회 수련회에서 여성도의 심방 요청을 받았습니다. 그녀는 20년 동안 기도했지만 남편과 아이들이 예수를 믿지 않아서 우울증에 걸렸다고 했습니다. 정신과 의사는 우울증이 내부에서 비롯된 것이라고 진단했는데 목사님도 그 의견에 동의하면서 여인의 우울증은 '불가능한 목표'에서 비롯되었다고 분별했습니다.

　그 여인의 '불가능한 목표'는 과연 어떤 것이었을까요? 그것은 남편과 아이들을 예수께로 인도하는 것이었습니다. 그녀는 그 목표를 이루기 위해 20년 동안 남편과 자녀들을 위해 기도하고, 예수를 증거하고, 설교자를 집으로 초청하고, 자신이 할 수 있는 건 다 했습니다. 그러나 전혀 진전이 없었습니다. 모든 노력이 헛수고로 돌아갔습니다. 그러자 용기와 희망을 잃어 가면서 우울증이 생겼습니다.

　닐 앤더슨은 말합니다.

　"우리가 사랑하는 사람들이 그리스도께로 나아오기를 원하는 목표를 갖는 것은 정당한 것이고, 그것을 위해서 반드시 기도하고 열심히 노력도 해야 한다. 그러나 내가 친구로서, 배우자로서, 자녀로서 내 옆의 사람들이 구원받는 것에 따라 내 가치가 평가된다면 그건 잘못된 것이다."

　닐 앤더슨은 누군가를 구원으로 인도하는 것은 내 능력과 권리 밖에 있다고, 내가 구원시키는 것이 아니라고 말합니다.

　생각해 보십시오. 우리는 세상적으로 너무 좋은 배우자, 너무 좋은 자녀가 있으면 열심히 기도하지 않습니다. 울며불며 기도하지 않습니다. 대부분 속 썩이는 배우자, 속 썩이는 자녀 때문에 '너무너무' 열심히 기도합니다. 그러나 사실은 이것이 감사한 것입니다.

　그런데 그녀는 그 감사를 몰랐습니다. 20년이 되도록 남편과 자녀가 안 돌아와서 속상한 이유는, 그 목적이 구원이라기보다는 기복(祈福)에 있었기 때문입니다. 아이가 거듭나서 공부 잘하기를, 남편이 예수 믿어서 바람 안 피우기를 원하는 기복적인 목적을 갖고 있기 때문에 속상한 것이고 우울증에 걸리는 것입니다. 내 목표에 기복과 팔복이 섞여 있는데 본인은 그것을 몰라서 혼란스러운 것입니다. 자녀 문제로 기도했는데 응답이 없어서 우울증이 왔다면 그 목표가 기복에 있기 때문임을 알아야 합니다. 이 세상에서 잘살기 위해 예수 믿어야 한다는 기복적인 마음 때문임을 알아야 합니다.

그러나 기복적인 목표를 가지고 있더라도 기도하지 않는 사람보다는 백번 낫습니다. 응답 못 받아 우울증에 걸리더라도 그것이 백번 낫습니다. 자녀 때문에 기도하는 부모가 훌륭한 부모입니다. 자녀를 위해 기복을 넘어 팔복으로 기도하는 부모가 최고의 부모입니다.

고난이 해결되면 할 일이 있다

결혼해서 2~3년 만에 아이를 쑥쑥 낳으면 다 내가 낳은 것 같아서 하나님께 감사하다는 생각이 안 듭니다. 하지만 10년, 20년 무자로 인해 고난을 겪다가 기도 응답으로 임신하면 하나님이 주셨다고 감사하게 됩니다. 이렇듯 만사가 형통하거나 너무 기쁜 일이 많으면 하나님의 약속이나 명령을 잊기가 아주 쉽습니다.

그러나 아브라함은 그렇지 않았습니다. 아브라함은 아기가 태어나자마자 웃음을 뜻하는 '이삭'이라고 이름을 지었습니다. 하지만 아브라함에게는 그토록 오랫동안 기다려 얻은 아들이 하나님보다 더 중요하지 않았습니다. 하나님은 이런 사람에게 영적 후사를 주십니다. 하나님보다 더 크고, 소중한 것이 있는 사람에게는 약속이 이루어지지 않습니다. 하나님보다 더 좋은 것은 이 세상에 없기 때문입니다. 그런데 우리는 이 진리를 잘 잊어버립니다.

자녀 때문에 힘들어서 우리들교회에 온 이른바 '일류 부모'가 있었습니다. 그런데 이 아이가 큐티도 너무 잘 하고 훈련도 잘 받으며 너무 빨리 돌아오니까 이 부모가 목장에서 나눔하는 것이 지겹게 느껴져서 교회를 떠나 버렸습니다.

인생의 환난이 한 번으로 끝나는 것도 아니고, 고난이 해결되었다고 끝은 아니지 않습니까? 그러므로 공동체를 떠날 것이 아니라 그때부터 사명감을 가져야 합니다. 고난 중인 공동체의 지체를 위해 내 인생이 약재료로 쓰임받고 구원을 위해 수고하고 헌신하는 삶을 살아야 합니다.

웃음을 주는 영적 후사

영적 후사는 기쁨입니다. 그것만큼 큰 기쁨이 없습니다. 아무리 슬픈 인생이라도 영적 후사를 얻으면 잃었던 웃음을 되찾게 됩니다. 영적 후사는 그래서 하나님이 주시는 기쁨이요, 웃음입니다. 웃음을 통해 우울과 스트레스를 해소해 주는 웃음치료사란 직업도 있지만, 하나님이 주시는 웃음에는 비할 바가 못 됩니다.

사라는 이삭을 얻은 후 누가 웃기지도 않았는데 자꾸 웃음이 났습니다. 월경이 끊어진 지 한참이 지난 노년의 나이에 아들을 얻었다는 것이 꿈만 같아서 생각만 해도 실실 웃음이 났습니다(창 21:6). '내가 어떻게 아들을 낳았지? 무자로 인해 겪는 고난이 절대로 끝나지 않을 것 같았는데, 세상에 아흔 살에 내 자식에게 젖을 먹이다니······.' 이러니 웃음이 안 나올 수 있겠습니까?

하나님이 아브라함에게 "네 아내 사라에게 아들이 있으리라" 하실 때 장막 뒤에서 그 말을 듣고 비웃던 사라였는데(창 18:10~12), 이삭을 얻고는 그 비웃음이 참 웃음으로 바뀌었습니다.

이처럼 10년이고 20년이고 오랫동안 기다리다가 아기를 갖게 되면 아버지가 되는 것도 감격이고 엄마가 되는 것도 기쁨입니다. 기저귀를 갈아도 너무 신기하고 애가 울어도 너무나 사랑스럽습니다. 내 아이가 공부를 잘해서 웃는 게 아니고, 오랫동안 기도하고 기다려서 얻은 응답이기 때문에 참된 웃음이 나오게 됩니다.

제 사위와 딸이 20대에 딸을 둘이나 낳았습니다. 그 나이에 그렇게 쉽게 두 아이를 얻는 걸 보고 당시에 제가 날마다 물어보았습니다. "진짜 예쁘냐?" 물으면 사위와 딸은 "왜 그런 걸 자꾸 물어보세요? 자기 새끼 안 예쁜 부모가 어디 있어요?"라고 했습니다. 하지만 말씀을 아는 저는 의심이 되어 또 물었습니다.

"정말 귀하냐? 정말 예쁘냐?"

눈에 넣어도 안 아픈 게 자식이라지만, 오랜 기다림과 간절한 기도로 얻은 아기가 아니면 그 '귀함'을 알 턱이 없습니다. 자식뿐 아니라 모든 기도 응답이 그렇습니다. 오래오래 기도하고 간절하게 기다렸으니 기쁜 것입니다. 기도도 하지 않고 기다리지도 않았는데 뭐가 그리 기쁘고 감사하며 귀하겠습니까?

우리에게 주신 자녀는 성별도 다르고 얼굴도 다르고 성품도 다르지만 다 '이삭'이라는 걸 기억해야 합니다. 이삭은 하나님이 주신 자녀이고, 하나님이 지어 주신 이름입니다. 우리를 거룩하게 하시려고, 웃고 행복하고 즐겁게 하시려고 선물로 주신 것입니다.

그런데 우리는 이 자녀들 때문에 속이 다 뒤집힙니다. "웃음? 기쁨? 행복? 좋아하시네! 원수다 못해 웬수 같은 자식이 웬 기쁨?" 이럽니다.

아브라함에게도 이삭은 처음부터 기쁨이 아니었습니다. 하나님께서 아들을 주리라고 약속하실 때 아브라함은 "이스마엘이나 하나님 앞에서 살게 하세요. 말도 안 돼요. 이 나이에 웬 아들?" 이랬습니다(창 17:17~18). 웃음은커녕 기가 막혀 쓴웃음을 지었습니다. 하지만 하나님은 "네 아내 사라가 네게 아들을 낳으리니 너는 그 이름을 이삭이라 하라 내가 그와 내 언약을 세우리니 그의 후손에게 영원한 언약이 되리라"(창 17:19) 하셨고 얼마 후에 또 찾아오셔서 아들을 주겠다고 하셨습니다. 그때도 아브라함은 쓴웃음을 지었고, 사라는 '피식' 비웃었습니다.

이삭의 뜻이 '웃음'입니다. 원어로는 조롱, 비웃음이라는 뜻도 있습니다. 이삭, 곧 자녀는 우리에게 웃음이자, 비웃음입니다. 이 얼마나 놀라운 섭리를 품은 이름입니까.

우리는 자녀 때문에 많이 웃기도 하지만, 조롱도 당하고 비웃음도 당합니다. 그러나 그런 자녀도 나의 귀한 영적 후사임을 깨달으면 웃을 일밖에 없습니다. 참웃음이 되는 것입니다.

무자로 인한 고난이든 문제 자녀로 인한 고난이든 그 고난을 잘 견디고, 오랜 기다림과 기도 응답으로 영적 후사를 얻으면 기뻐서 웃게 됩니다. 날마다 "이삭아, 이삭아~" 부르며 웃게 됩니다. '치졸한 나 같은 자에게도 영적 후사를 주시다니……' 하며 기가 막혀서라도 실실 웃음이 나오게 됩니다. 자녀는 조롱거리요, 눈물이지만 마지막엔 결국 웃음입니다.

ADHD(주의력 결핍 과잉행동장애)를 앓고 있는 한 아이가 주님을 만난 후 웃음이 많아졌다는 간증을 했습니다.

중학교 3학년 때 알게 된 이 병은 수백 마리의 개미가 척추에 기어가는 느낌 때문에 밤에 잠을 못 이루고, 가만히 있으면 움직이고 싶어 안달이 날 뿐 아니라 공부를 시작한 지 10초 만에 마음을 안드로메다로 여행을 보내 주는 골치 아픈 병입니다.

마음 내키는 대로 행동하고 기분이 좋았다가도 금세 기분이 나빠져서 화를 내고 때리는 저를 친구들은 이상하게 여겼고, 나중에는 왕따를 시켰습니다. 학교에 가면 친구들은 저를 툭툭 건드리며 시비를 걸었고, 심하면 때리기도 했습니다. 왕따당하는 게 싫었던 저는 수업이 끝날 때까지 잠을 자며 친구들의 괴롭힘을 피하려 했고, 집에 오면 애들에게 당한 분노를 게임, 야동, 판타지 소설로 풀곤 했습니다. 통제할 수 없는 나의 행동들이 ADHD라는 병 때문에 나타나는 증상인 것을 알았을 땐 이제 치료약을 먹으면 괴롭힘당하지 않을 거란 생각에 기뻤습니다.

그러나 친구들은 입시 준비를 열심히 하는데 저는 치료약을 먹어도 도저히 공부에 집중할 수 없어 저 자신이 정말 한심하게 느껴졌습니다. 그렇게 열등감과 절망감에 빠져 살고 있을 때 엄마가 강제로 보낸 우리들교회 청소년부 수련회에서 예상치 못하게 주님을 만났습니다. '치료약을 먹어도 해결되지 않는 나의 주의산만이 어쩌면 나중에 나같이 집중하기 힘든 사람들에게 위로가 되지 않을까'라는 소망을 갖게 된 것입니다. 그러자 시종 비관적이던 생각들이 사라지며 웃음이 많아지게 되었습니다.

ADHD를 앓고 있는 자식을 엄마가 '강제로' 교회 수련회에 보냈더니 아이는 '예상 밖으로' 주님을 만났습니다. 그리고 잃었던 웃음도 되찾았습니다. 이 엄마는 자식 고난을 딛고 결국 영적 후사를 낳은 것입니다.

문제가 있든 없든 우리의 자녀는 모두 이삭입니다. 이삭을 낳고 안 낳고는 결국 부모가 자식의 구원을 위해 얼마나 노력하고 기도하는가에 달려 있습니다. 10년이고, 20년이고 불임으로 고난을 겪다가도 이삭을 낳게 되고, 처음에는 '저 인간이 변할까?' 하다가도 아이가 변해서 영적 후사가 되면 너무나 기뻐서 우리 입은 귀에 걸릴 수밖에 없습니다. 그래서 영적 후사는 웃음입니다.

아브라함이 이삭을 낳은 때가 100세라고 했습니다. 이 말은 그만큼 영적 후사를 얻기가 힘들다는 뜻입니다. 아브라함도 영적 후사 이삭 하나를 낳기 위해 수많은 비웃음과 유혹과 조롱을 당했습니다. 얼마나 치졸한 삶을 살았는지 모릅니다. 영적 후사를 낳는 일은 십자가의 길이요, 순교자의 삶입니다. 그러나 영적 후사는 더없는 영광이요, 기쁨이요, 웃음입니다.

아브라함은 100세에 웃었지만, 우리는 미리 웃어 봅시다. 영적후사를 우리에게 주실 줄로 믿고 미리 "하하하" 웃읍시다. 내 자녀가 언제 영적 후사가 될지 지금은 알 수 없고, 지금은 그저 조롱거리일 뿐이지만, 당장에는 눈앞이 캄캄하고 보이는 것 하나 없어도 미리 웃읍시다. 하나님이 영적 후사를 주실 것을 생각만 해도 좋은 웃음, 그 웃음을 미리 웃읍시다.

믿음은 바라는 것들의 실상이고 보지 못하는 것들을 증거하는 것입니다. 우리의 자녀가 영적 후사가 되기 위해서는 부모의 믿음이 중요합니다. 그래서 영적 후사를 주실 것을 부모가 먼저 믿어야 합니다. 애들만 믿으라 하고 교회에 보내면 안 됩니다. 부모가 믿어서 같은 말씀으로 큐티하고, 같이 기도해야 합니다. 주님을 공경하는 모습을 보여 주고, 날마다 말씀을 나누며 자기 죄를 보는 모습을 보여 줘야 합니다.

우리들교회를 다니는 초등학생 꼬마가 아빠가 자기 죄를 솔직히 나누자 "아빠, 솔직하게 말해 줘서 고마워"라고 말했다고 합니다. 어떤 교육보다도 아빠의 진실함, 치졸한 것을 오픈하는 그 고백이 본이 되어 아이들의 믿음을 자라게 합니다.

십자가를 짊어져야 영적 후사를 얻는다

가인은 회개하지 않고 여호와 앞을 떠난 사람입니다. 그래서 그의 후손들은 자식에 집착하고, 세상 성공을 추구했습니다. 그러나 셋은 아들을 낳고 이름을 '에노스'라 지었습니다(창 4:26). 이는 '사람', '인류'라는 뜻으로 특별히 병들어 고통 가운데 살아갈 수밖에 없는 한계 상황 속에 있는 인간을 의미하는 말입니다. 부유하고 강성한 가인의 아들과는 반대로 인간의 무능과 전적인 부패를 나타내는 이름입니다. 그렇게 연약함을 고백했더니 비로소 사람들이 여호와의 이름을 부르고, 그 셋의 후손들을 통해 예수님이 오시게 되었습니다.

내 자녀가 비록 세상에서는 성공하지 못했다 하더라도 내 믿음의 계보를 이어 주는 영적 자녀가 되는 것이 가장 큰 상급입니다. 이 땅에서 제아무리 잘났어도, 대통령이 되었어도, 예수 안 믿으면 그건 상급이라고 할 수가 없습니다. 잘나도 못나도, 내 몸에서 난 내 자녀는 나의 영적 후사, 영적 자녀로 키워야 합니다.

하나님이 아브라함에게 "네 몸에서 날 자가 네 상속자가 되리라"고 하셨는데(창 15:4), "네 몸에서 날 자"라는 것은 네 몫의 십자가가 있다는 것입니다. 네가 수고하고, 네 발과 손이 가고, 네가 져야 할 십자가를 통해서 영적 후사가 온다는 것입니다.

십자가는 고난입니다. 고난 없이는 십자가를 질 수 없습니다. 그러나 십자가는 고난으로 변장한 축복입니다. 이걸 잘 알아야 합니다.

우리는 아무리 기다려도 응답이 없는 것 같으면 아브라함처럼 다른 후사를 찾고 싶어 합니다. 자식이 안 변하니까 십자가를 내려놓고 엘리에셀처럼 좋아 보이는 세상을 좇아가고 싶어 합니다.

자녀가 없든지, 중독에 빠져 있든지, 불치병에 걸렸든지, 나에게 어떤 모습의 자녀를 주셔도 그 환경을 피하면 안 됩니다. 내가 짊어지고 해결해야 하는 나의 십자가입니다. 다시 말하지만 그 자녀는 고난으로 변장한 축복이요, 나의 가장 큰 상급입니다.

하나님이 문제 자녀를 나에게 맡겨 주시는 것이야말로 영적 자녀를 낳는 축복의 비밀입니다. 우리는 잘난 자녀만 있으면 결코 영적 후사에 대해 관심을 가질 수 없기 때문입니다.

별을 보여 주시기 위해 캄캄한 밤을 주신다

양육을 잘 받고 있으면 하나님은 우리에게 영적 후사를 많이 주십니다. 다시 말해 내가 영적 자녀가 되면 다른 사람들을 영적 자녀로 인도할 수 있게 된다는 것입니다.

그를 이끌고 밖으로 나가 이르시되 하늘을 우러러 뭇별을 셀 수 있나 보라 또 그에게 이르시되 네 자손이 이와 같으리라_창 15:5

아브라함이 자식 문제로 더 이상 견디기 힘들어서 "하나님, 나는 무자해요. 나는 그냥 엘리에셀에게 다 물려줄래요" 합니다. 그러자 하나님은 친히 아브라함을 데리고 나가서서 "내가 다 안다. 네가 얼마나 힘든지 다 안다. 그래도 저 별을 세어 보아라" 하시며 셀 수도 없는 영적 자녀를 약속하십니다.

하나님은 참 기막히신 분입니다. 눈앞에 당장 자식을 한 명이라도 줘야 믿든지 말든지 할 텐데, 한 명도 안 주고 별과 같이 많아질 것을 믿으라고 하십니다. 그러니 쉽사리 믿어지지 않는 것입니다.

그러나 하나님은 우리가 하나님을 이해하지 못하고, 도무지 믿지 못하는 것을 이미 다 아십니다. 아브라함이 그렇게 믿지 못하니 친히 그의 손을 붙잡고 나가 밤하늘을 보며 시청각 교육을 하셨습니다. 말간 대낮에는 별을 볼 수 없으니 캄캄한 밤에 데리고 나가신 것입니다.

하나님은 지금 우리가 어떤 십자가를 지고 있는지 다 아십니다. 우리가 죽일 수도 살릴 수도 없는 자녀 때문에 살 수도 죽을 수도 없는 세월을 20, 30, 40년 계속 겪고 있는 걸 너무나 잘 아십니다.

그러나 한 치 앞도 내다볼 수 없는 '캄캄한 밤' 같은 자녀 고난을 우리에게 주신 데는 하나님의 깊은 뜻이 숨어 있습니다. 밝고 쨍쨍한 낮에는 하늘의 별을 볼 수가 없기에 캄캄한 밤을 주시는 것입니다. 그렇기에 지금 밝고 휘황찬란하여 낮 같은 삶을 살고 있다면 절대 교만을 떨 일이 아닙니다. 더구나 평생 휘황찬란하면 영적 후사는커녕 주님 만날 일도 없다는 것을 명심해야 합니다.

아브라함에게 밤하늘의 뭇별을 보여 주셨듯이 하나님이 우리에게 보여 주시는 것은 결코 현실과 동떨어진 것이 아닙니다. '믿음은 바라는 것의 실상이요, 보이지 않는 것의 증거'임을 알면서도 우리는 당장 눈앞에 보이지 않는 것은 믿으려 하지 않습니다. 하나님은 우리의 연약함을 아시기에 우리 눈으로 볼 수 있는 현실을 통해 우리를 양육하시고, 비전을 보여 주십니다. 지금 내 속을 뒤집어 놓는 자식, 도저히 내 손으로는 어찌할 방법이 없는 문제 자식으로 인한 고난이 바로 하나님이 보여 주시는 현실입니다. 그 현실을 통해 영적 후사를 낳게 될 것이라고 약속하시고, 영적 후사의 비전을 보여 주시며, 우리를 친히 양육하시는 것입니다.

자녀에게 물려줄 최고의 유산

아브라함에게는 이삭만이 상급입니다. 이삭만이 가나안 땅에 거할 자입니다. 아브라함이 아들을 여덟이나 낳았지만 영적 후사는 오직 이삭 한 명뿐입니다. 아브라함 역시 이삭이 믿음의 후사인 줄 알았지만, 머리로는 아는 그것이 가슴으로 내려오기까지 참 오랜 시간이 걸렸습니다. 아브라함 눈에 이삭은 형편없는 데 반해 다른 아이들은 너무 훌륭하고, 건강하고 씩씩해 보였습니다. 다른 여자와의 사이에서 낳은 아들들을 쉽게 내려놓지 못했습니다. 그래서 저는 아브라함 인생이 매우 슬펐으리라 생각합니다.

마음에 간절함이 있지만 자기 힘으로 안 되는 것이 누구에게나 있습니다. 그럼에도 불구하고 아브라함은 인생 마지막에 이르러 이삭이 영적 후사임을 인정했습니다. 죽을 때가 되어서야 생전에 스스로 끊지 못하던 것을 끊기로 결단한 것입니다.

> 5 아브라함이 이삭에게 자기의 모든 소유를 주었고 6 자기 서자들에게도 재산을 주어 자기 생전에 그들로 하여금 자기 아들 이삭을 떠나 동방 곧 동쪽 땅으로 가게 하였더라_창 25:5~6

내 자녀를 영적 후사로 키우기 위해서는 자기 육신의 아들이라도 믿음이 없다면 분리해야 합니다. 하나님 나라를 위하여 '떠나고, 버리고, 포기하는' 모습을 믿음의 부모가 보여 주어야 합니다.

부모가 자녀에게 물려줄 최고의 유산은 믿음입니다. 이것이 우리의 영원한 기업입니다. 아브라함은 영적 후사 이삭을 붙들기 위해, 그에게서 날 예수 그리스도를 붙들기 위해, 세상적으로 잘난 이스마엘을 포기했습니다. 하나님이 주신 축복의 약속을 지키려면 이런 결단이 필요합니다.

하나님은 그두라 자손과 하갈 자손인 이스마엘에게도 함께하시고 이삭에게도 함께하셨습니다. 그러나 이삭과 이스마엘은 결코 하나가 아니었습니다. 가인의 자손은 공부도 잘하고 돈도 잘 벌었지만, 예수님의 계보는 셋의 자손이었습니다. 하나는 영적이고 하나는 세속적입니다. 예수님의 계보를 이은 후손은 세상적으로 성공한 후손들이 아닙니다. 비록 지질해 보이는 인생이어도 '예수밖에 모르는 영적인 후손'들이었습니다.

　아무리 세상이 좋아 세상과 하나님 사이를 오갔어도 마지막에는 영적인 것을 붙들어야 합니다. 아브라함처럼 이 모습을 부모가 자녀들에게 보여 주어야 합니다. 자녀에게 물려줄 찬란한 유산은 "나에게는 예수밖에 없다"고 말하는 것이기 때문입니다. 이것이 영적 후사를 낳는 비결입니다. 이제 더는 '문제 부모'가 아니라 모든 자녀를 영적 후사로 키워 내는 '영적 부모'가 되기를 주님의 이름으로 축원합니다.

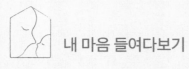 **내 마음 들여다보기**

Q. 최고의 부모가 되기 위해 내가 더욱 노력해야 할 것은 무엇입니까? 날
   마다 영적 자녀 낳기를 소망하며 구원을 위해 기도하고 있습니까?

_____

_____

_____

_____

_____

_____

Q. 내 자녀는 나의 기쁨입니까, 슬픔입니까? 이제 비로소 내가 문제 부모
   라는 것이 깨달아집니까? 문제 부모가 되지 않기 위해 적용해야 할 것
   은 무엇입니까?

_____

_____

_____

_____

_____

Q. 영적 후사를 얻기 위해 비웃음과 유혹과 조롱을 무수히 당하고 있습니까? 영적 후사를 낳는 것이 십자가의 길이고 순교자의 삶인 것을 인정합니까? 문제 자녀를 나에게 맡겨 주시는 것이야말로 영적 자녀를 낳는 축복의 비밀임을 인정합니까?

_____

_____

_____

_____

Q. 하나님께서 자녀를 통해 내게 보여 주시는 비전은 무엇입니까? 자녀에게 믿음의 본이 되기 위해 내가 '떠나고, 버리고, 포기해야 하는 것'은 무엇입니까? 자녀들에게 물려줄 나의 최고의 유산은 무엇입니까?

_____

_____

_____

_____

_____

_____

저는 유교적 가치관이 강한 가정에서 태어났습니다. 부모님의 사랑을 받으며 평탄한 어린 시절을 보냈고 친구의 전도로 청소년 때 예수님을 믿게 되었습니다. 교회는 다녔지만 부잣집 아들인 남편과 결혼해 미국 유학을 다녀오고 두 아들을 낳았습니다.

그러던 중 친정엄마가 백혈병으로 2년간 투병하다 돌아가셨습니다. 그런데 장례를 치르고 돌아온 날 남편이 여자 문제로 가출했고 이후 25년 동안 이중생활을 했습니다. 바람도 힘들었지만 남편이 저에게 폭언과 폭력도 행사하니 죽고만 싶었습니다.

이런 고난으로 말씀을 묵상하게 된 저는 점점 성경적인 가치관을 가지게 되었습니다. "나 요한은 너희 형제요 예수의 환난과 나라와 참음에 동참하는 자라 하나님의 말씀과 예수를 증언하였음으로 말미암아 밧모라 하는 섬에 있었더니"(계 1:9)라는 말씀을 묵상하면서 제가 요한처럼 남편의 이중생활이라는 삶에 갇히고 예수의 환난과 나라와 참음에 동참하는 것이 믿어지게 되었습니다. 고난이 말씀으로 해석되니 남편의 질서에 순종하지 못하고 믿음의 공동체를 무시하고 차별한 것을 회개하게 되었습니다. 내 고난이 내 죄보다 약하다는 것이 인정되었습니다. 이후 더 힘든 고난을 지나면서도 날마다 살아날 수 있었습니다.

하지만 불안정한 부모 밑에서 자란 두 아들은 방황할 수밖에 없었습니다. 큰아들은 오토바이를 타고, 새벽 2시에 거실 유리창을 깨고, 베란다 난간에 매달려 죽겠다고 하는 등 갖은 사건 사고를 일으켰습니다. 급기야 자퇴하고 정신과 폐쇄 병원에 입원까지 했습니다. ADHD와 학습장애가 있는 둘째 아들도 제게 분노를 폭발하며 욕설을 퍼부었습니다.

그래도 함께 고난을 당하는 믿음의 공동체가 있고 내가 100퍼센트 죄인인 것이 인정되었기에 저의 모든 사건을 나누면서 올 수 있었습니다. 내가 얼마나 죄인인지 깨닫고, 예수님이 날 위해 죽어 주지 않으셨다면 영원한 심판에 있을 제가 보여 구원받은 기쁨이 넘치게 되었습니다. 전에는 모범생이고, 겉으로 드러난 죄가 없고 오히려 희생하고 사는 것 같으니 내 죄를 보기가 정말 힘들었습니다. 가족들이 수고해 주지 않았더라면 저는 피해자라고만 생각했을 것입니다.

지금은 남편도 교회로 돌아오고, 경제적으로도 회복되었습니다. 속 썩이던 큰아들은 결혼해서 손녀가 초등학생이 되었고 한 말씀으로 함께 큐티하는 기쁨도 누리고 있습니다. 작은아들도 대학을 졸업하고 교회 공동체로 돌아와 청년부 목자로 섬기고 있습니다. 지난 시간을 돌아보니, 가정을 지키는 한 가지 적용을 하고 온 것에, 하나님은 영육 간에 넘치도록 많은 열매를 보여 주셨습니다. 지금까지 인도해 주신 하나님께 감사드립니다.

김양재 목사의 자녀교육

문제아는 없고 문제 부모만 있습니다

초판 발행일 ㅣ 2016년 4월 18일
개정증보 1쇄 발행일 ㅣ 2025년 4월 30일

지은이 ㅣ 김양재

발행인 ㅣ 김양재
편집인 ㅣ 송민창
편집장 ㅣ 정지현
편집 ㅣ 김윤현 진민지 고윤희 장승영
디자인 ㅣ 정승원 문성경
일러스트 ㅣ 기성은

발행처 ㅣ 큐티엠
주소 ㅣ 경기도 성남시 분당구 대왕판교로385번길 26, 3층 큐티엠 단행본 편집부 (우)13543
편집 문의 ㅣ 070-4635-5318   **구입 문의** ㅣ 031-707-8781
팩스 ㅣ 031-8016-3193
홈페이지 ㅣ www.qtm.or.kr   **이메일** ㅣ books@qtm.or.kr
인쇄 ㅣ ㈜신성토탈시스템
총판 ㅣ ㈔사랑플러스 02-3489-4300

ISBN ㅣ 979-11-94352-13-6